AF368780

**Über den Autor:**

**Martin Schnick**, geboren 1966 in Andernach, arbeitet als Werbetexter, Bühnen-Regisseur und Autor. Er hat Germanistik, Philosophie und Romanistik studiert in Bonn und Paris. Aktuell lebt er in Köln.

Zuletzt erschienen sind sein Sachbuch „**Entweder die Tapete verschwindet oder ich!** Kuriose und mysteriöse Todesfälle berühmter Dichter – Von Albert Camus bis Stefan Zweig." (Charles Verlag, Hamburg 2020) sowie sein Roman „**Am anderen Ende der Schwerkraft**" (Größenwahn Verlag, Frankfurt 2022).

Martin Schnick

# Ich sterbe, also bin ich

Über das dramatische Ableben großer Denker
und ihre Theorien vom Tod.
Von Sokrates bis Michel Foucault.

tredition

Schnick, Martin: Ich sterbe, also bin ich. Über das dramatische Ableben großer Denker und ihre Theorien vom Tod. Von Sokrates bis Michel Foucault. 2024.

Softcover - ISBN 978-3-384-34358-1

Dieses Buch kann über den Handel oder www.tredition.com bezogen werden.

© 2024 Martin Schnick
Umschlag, Illustration: Martin Schnick (Futur III – Selbstporträt)
Verlagslabel: Turbulenzen

Druck und Distribution im Auftrag des Autors:
Heinz-Beusen-Stieg 5, 22926 Ahrensburg, Germany

Das Werk, einschließlich seiner Teile, ist urheberrechtlich geschützt. Für die Inhalte ist der Autor verantwortlich. Jede Verwertung ist ohne seine Zustimmung unzulässig. Die Publikation und Verbreitung erfolgen im Auftrag des Autors, zu erreichen unter: Martin Schnick, Roonstr. 26, 50674 Köln, Germany.

www.facebook.com/martin.schnick.98

# INHALT

# Über das dramatische Ableben großer Denker ...

> *„Les hommes meurent et ils ne sont pas heureux."*
>
> Albert Camus

Während sich alle Lebewesen nahtlos in die sie umgebende Natur einfügen und instinktiv handeln, nimmt der Mensch allem Anschein nach eine Sonderstellung in der Welt ein. Als vernunftbegabtes Wesen erkennt er seine Andersartigkeit. Der Mensch gliedert sich nicht einfach in die Welt ein, sondern er ist sich seiner selbst bewusst und stellt Fragen: Wer bin ich und warum existiere ich? Er fragt nach dem Ursprung der Welt, nach dem Sinn des eigenen Seins, nach einer Fortexistenz über den Tod hinaus. Mythen und Religionen versuchen über Jahrtausende, diese spekulativen Fragen zu beantworten. Auch die Philosophie startet diesen Versuch. Sie setzt dabei ganz auf den Logos, den menschlichen Verstand. Die Philosophie ist über Jahrtausende das Schlachtfeld, auf dem um die Deutungshoheit gerungen wird. Große Philosophen sind Extremisten im Denken. Ihnen geht es um Existenzielles und Essentielles, um erste Ursachen und letzte Begründungen. Sie stellen das Leben, in dem wir uns eingerichtet haben, auf den Prüfstand, hinterfragen das, was uns als sicher oder heilig gilt; sie loten die Untiefen unseres Wissens und Unwissens aus und stellen die Welt mal vom Kopf auf die Füße, mal umgekehrt. Ihre Schriften und Gedanken sind nicht selten subversiv. Gesellschaftsordnungen, Religionen und Herrschaftssysteme sehen sich immer wieder herausgefordert und bedroht. Riskantes Denken ist in vielen Epochen gefährlich, und manchmal sogar lebensgefährlich. **Sokrates**, der Gottvater der abendländischen Philosophie, wird von der Athener Gerichtsversammlung im Jahr 399 v.u.Z. zum Tode verurteilt und muss den Becher mit dem Schierlingsgift trinken. Der schwammige Grund: Der fast 70-jährige Philosoph habe die Jugend verführt und gegen göttliche Riten verstoßen. In der Zeit des Cäsarenwahns wird dem Römer **Seneca** im Jahr 65 von seinem einstigen Zögling, dem amtierenden Kaiser Nero, vorgeworfen, er habe sich an einem Putschversuch beteiligt. Jetzt steht vor der Wahl: Den ehrenvollen Freitod zu vollziehen oder hinterrücks gemeuchelt zu werden. Im Morgenland kann der schiitische Philosoph und Medicus **Avicenna**, der die Medizin revolutionierte und durch dessen Schriften posthum Aristoteles im Abendland bekannt wurde, seine eigene Krankheit nicht kurieren und stirbt im Jahr 1037 nach einem Behandlungsfehler. Das Leben des

Dominikanermönchs **Giordano Bruno** endet 1600 in Rom auf dem Scheiterhaufen, wo er auf dem Campo de' Fiori öffentlich als Ketzer verbrannt wird. **Émilie du Châtelet,** Voltaires langjährige Geliebte und intellektuelle Partnerin auf Augenhöhe, stirbt 42-jährig im Kindbett. Der **Marquis de Sade** entkommt in den Wirren der Französischen Revolution in letzter Sekunde der Guillotine, wird jedoch ins Irrenhaus von Charenton gesteckt, wo er im Jahr 1814 altersgeil seinen letzten Atem aushaucht. **Philipp Mainländer** übertrifft die bereits pessimistische Weltsicht seines Vorbilds Arthur Schopenhauer und nimmt sich 1876, im Alter von nur 34 Jahren, das Leben. **Friedrich Nietzsche**, der Chefstratege der Nihilisten, stirbt 1900 nach zig Jahren der geistigen Umnachtung. Der jüdische Intellektuelle **Walter Benjamin** begeht auf der Flucht vor den Nazis 1943 in den Pyrenäen Selbstmord. Und der Sprachphilosoph **Ludwig Wittgenstein** ist 1951 sichtlich erleichtert über seine letale Krebsdiagnose und scheidet mit einer erfüllten Biographie aus dem Leben. Krebs, so lautete zunächst auch die offizielle Todesursache des französischen Soziologen und Philosophen **Michel Foucault**. Erst später wird bekannt: Er starb 1984 an AIDS.

Was passiert, wenn wir sterben, wenn es soweit ist? Gibt es eine Fortexistenz nach dem Tod? Welchen Sinn hat das Leben? Diese Fragen stellt sich früher oder später jeder Mensch. Heute leben wir in Westeuropa in einer pluralistischen Gesellschaft. Die Philosophie ist nur mehr ein Orchideenfach im Hochschulbetrieb, und auch die etablierten Kirchen verlieren zunehmend Mitglieder und Einfluss. Vor allem die Theologie hat ihre Vormachtstellung bei der Beantwortung dieser letzten, spekulativen Fragen eingebüßt. Heute haben die Naturwissenschaften die Deutungshoheit in weiten Teilen inne. Ein Wandel, der sich über Jahrhunderte vollzogen hat und noch weiter andauert. Zu Beginn des 20. Jahrhunderts diagnostizierte Sigmund Freud drei wissenschaftliche Umbrüche, die die Menschen im Mark erschütterten.[1] Er nennt sie auch die „drei narzisstischen Kränkungen der Menschheit". Im 16. Jahrhundert ersetzte Kopernikus das geozentrische Weltbild durch ein heliozentrisches. Den Menschen wurde der Glaube genommen, die Erde (und damit die Menschheit) sei der Mittelpunkt des Universums (= die kosmologische

---

[1] Sigmund Freud: Eine Schwierigkeit der Psychoanalyse. (Aufsatz von 1917, erschienen in: Imago. Zeitschrift für Anwendung der Psychoanalyse auf die Geisteswissenschaften V.) Online unter www.gutenberg.org einzusehen.

Kränkung). Im 19. Jahrhundert zeigte Charles Darwin mit seiner Evolutionstheorie, dass der Mensch nicht von Gott geschaffen, sondern aus der Tierreihe hervorgegangen ist (= die biologische Kränkung). Der Letzte im Bunde ist Freud selbst. Nach ihm werden alle menschlichen Handlungen vom Unterbewusstsein gesteuert. Seine Psychoanalyse konfrontiert den Menschen mit dem Umstand, *„dass das Ich nicht Herr sei in seinem eigenen Haus"*[2] (= die psychologische Kränkung).

Zu Beginn des 21. Jahrhunderts empfinden nicht wenige Menschen den Tod als eine persönliche Kränkung, die sie aus der Welt der beständigen Selbstoptimierung, des Konsums und der individuellen Selbstverwirklichung herauskatapultiert. Und nicht wenige Zeitgenossen definieren den Tod als eine Krankheit, die heute noch nicht geheilt werden kann. Sie sind überzeugt, dass es der Wissenschaft gelingen wird, auch diese Krankheit „Tod" in Zukunft zu besiegen. Die Naturwissenschaften, so der Eindruck, erfüllen heute alle Funktionen einer Religion. Sie liefern absolute Wahrheiten, sie leiten aus ihnen ethische Handlungsanleitungen ab und geben ein Heilsversprechen. Doch Skepsis ist angebracht. Ob die Menschen bei der Frage nach der

---

[2] Ebd.

Entstehung des Universums an eine Urknalltheorie glauben oder daran, dass ein biblischer Gott die Welt in sieben Tagen erschaffen hat – für den Philosophen Ludwig Wittgenstein wäre es einerlei. Er sähe auch in der naturwissenschaftlichen Welterklärung nur einen modernen Mythos, ein Narrativ. Wissenschaftliche Theorien und Modelle haben nur solange Bestand, bis sie durch ein überzeugenderes Modell abgelöst werden. Absolute Gewissheit gibt es nicht. Gleiches gilt für den Tod. Letzte Fragen bleiben – trotz aller wissenschaftlichen Erklärungsversuche – im Bereich der Spekulation.

So pluralistisch die westlichen Gesellschaften heute sind, so pluralistisch sind auch die Weltanschauungen. Viele Menschen bedienen sich bei den unterschiedlichsten Lehr- und Glaubensangeboten, wählen aus dem konkurrierenden Sortiment nach Gutdünken aus. Sie verbinden scheinbar problemlos buddhistisches Gedankengut mit traditionell christlichem, bezeichnen sich mal als Atheisten, mal als Agnostiker. Viele basteln sich ihre private Weltanschauung zusammen. Und wenn es um die letzten Fragen geht, kocht jeder sein eigenes esoterisches Süppchen. Gleichzeitig haben unsere mehr oder weniger diffusen Vorstellungen vom Tod zugleich ganz konkrete Auswirkungen auf unser Handeln im Hier und Jetzt. Denn Antworten auf die letzten Fragen haben auch immer eine ethische Dimension. Und das gilt nicht nur für Debatten über Abtreibung oder Sterbehilfe. Mit der Beantwortung der letzten Fragen werden zugleich die allgemeinen Leitplanken für unser Handeln gesetzt. Zwar hat Immanuel Kant (1724 – 1804) gezeigt, dass eine Ethik auch allein aus der Vernunft heraus begründet werden kann[3], doch neigen viele moderne Menschen nach wie vor zu einem individuellen Glauben (wenn oft auch ohne Transzendenzbezug). Zudem gibt es Menschen, die nach wie vor an den Teufel glauben und eine Hölle fürchten. Der Teufel ist auch heute noch ein trefflicher Pädagoge Gottes. Diese Menschen werden dementsprechend gottesfürchtig leben und verbotenes wie z.B. das Begehen einer Straftat oder eines Sakrilegs vermeiden. Buddhisten hingegen, die sich um ihr Karma sorgen und eine Wiedergeburt (auch in Form einer anderen Kreatur) befürchten, begegnen anderen Geschöpfen mit entsprechendem Respekt und großer Sorgfalt. Andererseits sprengen sich Selbstmordattentäter in die Luft in der Erwartung, als Märtyrer ins Paradies einzugehen – die wohl perfideste Auslegung eines wie auch immer gearteten

---

[3] Kants aus der reinen Vernunft abgeleiteter kategorischer Imperativ lautet: „Handle nur nach derjenigen Maxime, durch die du zugleich wollen kannst, dass sie ein allgemeines Gesetz werde." Oder einfacher ausgedrückt: Handle so, wie du willst, dass jeder Mensch, der sich in derselben Situation befindet, genauso handelt.

göttlichen Heilsversprechens. Eines jedoch steht fest: Der Tod hat Macht über die Lebenden, er wirkt ins Leben hinein.

Welche Antworten haben große Philosophen wie Sokrates, Avicenna oder Nietzsche auf diese letzten Fragen gefunden? Wie sind sie zu ihren Überzeugungen gelangt? Welche Theorien vom Tod haben sie entwickelt? Dies ist die zweite Frage, die – neben dem dramatischen Ableben – im Zentrum dieses Buches steht. Der zweite Teil der Einleitung gibt einen ersten Überblick über die Theorien und versucht ihre kurze philosophie- und kulturgeschichtliche Einordnung.

## … und ihre Theorien vom Tod


*„Gott, wenn du bist, rette meine Seele,*
*aus dem Grabe, wenn ich eine habe."*
Arthur Schopenhauer

Dieses Zitat von Arthur Schopenhauer, das daherkommt wie ein Stoßgebet, wirft gleich zwei grundlegende philosophische Fragen auf. Gibt es einen Gott? Und besitzt der Mensch eine unsterbliche Seele? Fragen, die die Menschheit seit Urzeiten umtreiben. Schon in den frühesten Kulturen (sei es bei den Kelten oder Ägyptern) stoßen Archäologen immer wieder auf Grabbeigaben. Den Verstorbenen wurden nützliche Werkzeuge, Alltagsgegenstände, aber auch Waffen und wertvolle Schätze mit ins Grab gegeben. Welchen Sinn würden diese Beigaben ergeben, wenn die Menschen nicht an eine – wie auch immer geartete – Weiterexistenz in einem Jenseits glaubten? Der Mensch besitzt eine Seele und der Tod ist nur eine Passage, der Übergang in eine andere Welt. Eine Hoffnung, die sich bis heute in vielen Kulturen und Religionen erhalten hat. Doch seit der Antike gibt es auch immer wieder Zweifler. Schopenhauer bleibt in diesen Fragen ebenso skeptisch (wie der zweifache Gebrauch des einschränkenden Wörtchens ‚wenn‘ untermauert), wie Jahrtausende vor ihm bereits Sokrates. Die Frage, ob die menschliche Seele auf immer zerstäubt oder doch ewig existiert, lässt er letztlich offen.

Wenn es ein Jenseits gibt, wie ist dieses beschaffen? Die Unterwelt der alten Griechen wird in vielen Mythen beschrieben. Einem Brauch zufolge wird den Toten vor der Erd- oder Feuerbestattung eine Münze in den Mund gelegt. Die toten Seelen bezahlen damit den Fährmann Charon, der sie über den Fluss Lethe, den Strom des Vergessens, ins Schattenreich bringt.[4] Hier im Hades fristen sie ein freudloses Dasein, allerdings auch frei von Not oder Pein. Nur große Helden wie Achill werden divinisiert und gelangen ins Elysion, auf eine Insel der Glückseligen, die am Rande dieser Welt lokalisiert wird.[5] Eine ganz ähnliche Topographie des Jenseits findet sich in der ältesten der drei monotheistischen Religionen, dem Judentum. Im Zentrum des jüdischen Glaubens steht der Bund Jahwes mit dem Stamm Israels. Diese Abstammungs- und Boden-Religion ist

---

[4] In der griechischen Mythologie gibt es mehrere Flüsse in der Unterwelt, die alle im Acheron (dt. der schwarze Fluss) münden. Die bekanntesten sind der Styx (dt. Wasser des Grauens) und der Lethe (dt. das Vergessen).
[5] Auch in anderen Kulturen wird den Helden nach ihrem Tod ein besonderer Ort zugewiesen (bspw. das germanische Walhall oder das keltische Avalon).

vor allem auf das Diesseits fokussiert. Der Mediävist und Philosoph Kurt Flasch weist darauf hin, dass *„die Hebräische Bibel sich sehr wenig, ja fast gar nicht um das Schicksal der Seele nach dem Tod kümmert."*[6] Das Totenreich spielt eine untergeordnete Rolle und wird nur vage angedeutet. Die Toten weilen mit ihren verstorbenen Verwandten im Scheol, der Unterwelt; dem Land des Staubes, der Finsternis und des Vergessens. Hier führen sie ein Schattendasein bis zur Wiederkunft des Erlösers. Mit der Ankunft des Messias und dem Anbruch des göttlichen Zeitalters werden die Toten auferweckt. Im Zentrum des jüdischen Glaubens steht nicht die Erlösung des einzelnen Individuums, sondern die Erlösung des ganzen Volkes Israel. Vor allem die messianische Ausrichtung, die Erwartung einer Endzeit, fehlt in antiken Vorstellungen.

Die Frage nach der Unsterblichkeit der menschlichen Seele wird von **Sokrates** (469 – 399 v.u.Z.) immer wieder thematisiert und zum Teil widersprüchlich beantwortet. *„Der Tod ist, wie mich dünkt, nichts anderes als zweier Dinge Trennung voneinander, der Seele und des Leibes"*, legt Platon an einer Stelle Sokrates in den Mund (Georgias 524b). In seinem

---

6 Kurt Flasch: Der Teufel und seine Engel. Die neue Biographie. München 2015. S. 129.

eigenen philosophischen System vertritt Platon einen strikten Dualismus zwischen Leib und Seele. Später entwickelt er seine Ideenlehre. Es ist nicht der Körper, sondern die unsterbliche Seele, die Teil hat an der Welt der Ideen und die sich nach und nach wieder erinnert. Die Wiedergeburt ist gesetzt und Teil seines Systems – und findet im Buddhismus ihr Äquivalent.

Vorausgesetzt, es gibt eine unsterbliche Seele, biegt schnell ein ethisches Problem um die Ecke. Was ist mit den Guten und den Bösen – ereilt beide das gleiche Schicksal? Wenn ja, wäre dies eine himmelschreiende Ungerechtigkeit, so sieht es zumindest Sokrates. Um diesem Dilemma zu entkommen, muss es auch im Jenseits eine Art Zweiklassengesellschaft geben. Im Georgias-Dialog wird erstmals auch eine Zweiteilung in Betracht gezogen:

*„[...] dass welcher Mensch sein Leben gerecht und fromm geführt hat, der gelangt nach seinem Tode auf die Insel der Seligen und lebt dort ohne Übels in vollkommener Glückseligkeit, wer aber ungerecht und gottlos, der kommt in das zur Zucht und Strafe bestimmte Gefängnis, welches sie Tartaros nennen.“* (Georgias 523a)

Das Elysion, so sieht es Sokrates, steht nach dem Willen der Götter allen Gerechten offen. Die Bösen hingegen kommen in den Tartaros, den tiefsten Teil des Hades. Damit wäre der Dualismus auch in der griechischen Jenseitstopographie realisiert. Ein Konzept, das später im Christentum in der Zweiteilung von Paradies und Hölle sein Spiegelbild findet. Zudem spricht Sokrates, auf der Anklagebank sitzend, von den „wahren Richtern", die den Seelen in der Unterwelt ihren gerechten Platz zuweisen werden. Eine Funktion, die in den monotheistischen Religionen dem einen Richter-Gott zugeschrieben wird.

Den philosophischen Hauptströmungen der römischen Antike, dem Epikureismus und der Stoa, liegen solche Jenseitsgedanken fern. Den vorherrschenden Pantheismus und die Riten haben die Römer weitgehend von den Griechen übernommen. Auf ein besseres Leben nach dem Tod kann der gemeine Mensch nicht hoffen. Eine Fortexistenz der Seele ist nicht vorgesehen. Das Augenmerk der Denker richtet sich daher auf das Leben bzw. auf die Frage: Wie kann ein gutes Leben gelingen? Für beide Strömungen heißt philosophieren ‚sterben lernen'. Es geht darum, sich mit dem unausweichlichen Schicksal der eigenen Sterblichkeit zu arrangieren. Und ihre Vertreter haben die Nachwelt mit klugen Kalendersprüchen reichlich beschenkt.

*„Solange wir da sind, ist er [der Tod] nicht da, und wenn er da ist, sind wir nicht mehr. Er hat also weder für die Lebenden noch für die Toten eine Bedeutung; denn für die einen ist er nicht da, die anderen sind für ihn nicht mehr da.“*[7]

Epikur (ca. 340 – 270 v.u.Z.) erklärt den Tod kurzerhand für bedeutungslos. Und sein Nachfolger Lukrez (96 – 55 v.u.Z.) gibt in Bezug auf die Frage nach einer unsterblichen Seele zu bedenken: Selbst, wenn die Seele unsterblich wäre, könne es uns egal sein, da es einen Bruch in der Erinnerung gibt und wir ohnehin alles vergessen.[8] Der Stoiker und Asthmakranke **Seneca** (ca. - 1 – 65) betont einen anderen Aspekt:

*„Der Tod ist die Befreiung und das Ende von allen Übeln, über ihn gehen unsere Leiden nicht hinaus, er versetzt uns in jene Ruhe zurück, in der wir lagen, ehe wir geboren wurden.“*

(Von der Kürze des Lebens – De Brevitate Vitae IX, 1)

Ein Gedanke, den auch schon Sokrates in Erwägung gezogen hatte. Für Seneca ist das Streben nach materiellen Gütern, nach Macht und Reichtum ein bloßes Haschen nach dem Wind. Erst wenn sich der Mensch von diesem frucht-

---

[7] Epikur, zit. nach Petra Gehring: Theorien des Todes zur Einführung. Hamburg 2010. S. 51.
[8] Jacques Choron: La mort et la pensée occidentale. Paris, 1969. S. 49.

losen, weil wenig nachhaltigen Begehren befreit, findet er im Diesseits seinen Seelenfrieden. Für Seneca ist der Tod lediglich eine zeitliche Begrenzung. Wer das Leben als zu kurz empfindet, hat es eben nicht sinnvoll genutzt. Er selbst fordert dazu auf, den Tod zu verachten.

Trotz dieser eschatologischen Leere im ersten Jahrhundert des römischen Weltreiches ist es für Apostel Paulus kein Leichtes, diese Lücke mit seiner Christusreligion zu füllen. In Jesus Christus wird der Leib-Seele-Dualismus scheinbar überwunden. Paulus verspricht den Gläubigen die „fleischliche Auferstehung" nach dem Tod. Ein Zombiekult, der anfangs viele irritiert. Als Paulus in Athen von der Auferstehung des Leichnams Jesu predigt, wird er von den Zuhörern verlacht. Sie nehmen ihn nicht ernst.[9] Auch bei einer Begegnung mit dem von Rom eingesetzten König Agrippa trifft Paulus auf Unverständnis. Agrippas Statthalter Festus ist fassungslos: „Paulus, du bist von Sinnen! Dein großes Wissen hat dich um den Verstand gebracht." (Apostelgeschichte 26:24) Warum sollte man so etwas Unglaubliches glauben? Die Antwort des ersten lateinischen Kirchenschriftstellers Tertullian ist ebenso knapp wie prägnant: Eben, weil es

---

[9] Apostelgeschichte 17:32

unglaublich ist.[10] Diese phantastisch anmutende Verheißung findet vor allem bei den Unterprivilegierten und Entrechteten Anklang. Für diese Gesellschaftsschicht ist die Aussicht auf eine aufgewertete Weiterexistenz nach dem Tod offensichtlich besonders attraktiv. Im Gegensatz zu den starren Hierarchien besticht das frühe Christentum durch seine klassenlose Konzeption. In den ersten Gemeinden beten adlige Patrizier neben ehemaligen Sklaven. Es ist egal, ob man arm oder reich ist – vor dem einen Gott sind alle gleich. Zur Zeit Kaiser Neros lebten bereits rund 3.000 Christen in Rom, was einem Prozent der damaligen Bevölkerung entsprach. Eine Minderheit mit merkwürdigen Ritualen, die nach dem Großbrand von Rom im Jahr 64 zum Sündenbock gemacht wurde. Der Legende nach fiel auch der Apostel Petrus der neronischen Christenverfolgung zum Opfer und wurde in Rom gekreuzigt. Mit dem Märtyrertod des ersten Bischofs wurde das Papsttum begründet und Rom später zur Machtzentrale einer neuen Weltreligion. Ob allerdings Petrus, der erste Jünger Jesu, jemals in Rom war, ist historisch nicht belegt. Fakt ist: Drei Jahrhunderte später, im Jahr 393, wird das Christentum zur römischen Staatsreligion.

---

[10] Tertullian (ca. 150 – 220): „Mortus est dei filius: prorsus credibile est, quia inepttum est. Et sepultus resurrexit: certum est, quia impossibile est." (zit. nach Choron, aaO. S. 76)

Wiederum drei Jahrhunderte später betritt die dritte große monotheistische Religion die Weltbühne. Von der arabischen Halbinsel aus expandiert der Islam. Der Prophet Mohammed (ca. 570 – 632) überliefert mit dem Koran seine Offenbarung. Diese neue Religion teilt viele Gemeinsamkeiten mit den bereits existenten und somit konkurrierenden Religionen des Juden- und Christentums. Auch für Muslime ist Abraham der Stammvater, und sie haben im Grundsatz ähnliche Vorstellungen von einem einzigen Gott und vom Jenseits. So glauben Muslime an „*(1) die körperliche Wiederauferstehung nach dem Tod und das Jüngste Gericht, (2) die Unsterblichkeit der Seele sowie (3) die Existenz von Paradies und Hölle als reale physische Welten.*"[11] Am Tag der Auferstehung werden Körper und Seele im Grab wieder vereint und kommen, je nach Lebenswandel, entweder in das Paradies oder in die Hölle.[12] Wie im Christentum ist für Märtyrer ein Logenplatz im Jenseits reserviert. Männliche Muslime dürfen sogar auf Jungfrauen hoffen, was suggeriert, dass Sexualität im islamischen Paradies möglich ist. Vor allem in den Hadithen wird diese erotische Lesart des Korans verstärkt und teils detailliert ausgemalt.

---

[11] Sebastian Günther: Paradiesvorstellung und Himmelsreisen im Islam. In: Jenseitsreisen. Hg. von E. Hornung u. A. Schweizer. Basel 2011. S. 17.
[12] Arabisch: Dschanna (Paradies) und Dschahannam (Hölle).

Nach dem Tod Mohammeds im Jahr 632 in Medina entbrannte ein Streit um seine rechtmäßige Nachfolge. Daraus entwickelten sich die beiden Hauptströmungen der Sunniten und der Schiiten. Um die Jahrtausendwende wird im persischen Großreich der Schiit **Avicenna** (ca. 980 – 1032) geboren. Ein Universalgenie, dessen Wirken auch das Abendland nachhaltig prägen wird. Er brilliert vor allem in zwei Disziplinen: der Medizin und der Philosophie. Sein „Kanon der Medizin" zählt auch in Europa über Jahrhunderte zum Standardwerk. Avicenna ist es auch zu verdanken, dass die abendländischen Gelehrten auf einen ihnen bis dahin unbekannten antiken Philosophen aufmerksam werden. Sein Name: Aristoteles (ca. 384 – 322 v.u.Z.). An seinen Schriften arbeitet sich Avicenna ein Leben lang ab und verfasst unzählige Kommentare. Aristoteles bietet in seiner Schrift „De anima" eine völlig neue Theorie von der Beschaffenheit der Seele. Für ihn ist die Seele kein eigenständiges Wesen, das sich vom Körper lösen kann – und er stellt sich damit diametral der Auffassung Platons entgegen. Pflanzen, Tiere und Menschen – alle organischen Körper sind beseelt, verfügen aber über unterschiedliches Seelenvermögen. Die höchste Stufe stellt die Vernunft (gr. nous) dar, über die allein der Mensch verfügt. Die von Aristoteles vorgenommene Intellektualisierung der Seele hat gravierende Konsequenzen. Es ist allein die Vernunft, die Unsterblichkeit besitzt, nicht aber das einzelne Wesen an und für sich. Damit stellt der Philosoph posthum alle Jenseitskonzepte der großen Religionen in Frage. Denn ohne eine eigenständig existente Seele ergeben paradiesische Freuden oder höllische Qualen keinen Sinn. Im Mittelalter sehen sich viele Gelehrte herausgefordert, die gegensätzlichen Positionen von Platon und Aristoteles zu überbrücken. So auch Avicenna. Und sein Lösungsansatz ist verblüffend. Für Avicenna ist der Koran nicht wörtlich zu verstehen, sondern allegorisch. Himmlische Freuden und höllische Qualen werden nicht körperlich erfahren, sondern vom Intellekt als Imagination erlebt. Ein geistiger Spagat, der dem gemeinen Volk nicht zugemutet werden kann. Von daher sei es gerechtfertigt, so Avicenna, dass der Koran in dieser real-physischen Bildlichkeit von Paradies und Hölle spricht.

Mit dem Untergang des römischen Imperiums verschwinden aus Mitteleuropa zivilisatorische Errungenschaften der Antike. Unter dem Einfluss des Christentums erfährt vor allem die Konzeption des Körpers einen radikalen Wandel. In der Antike herrschte ein austariertes Gleichgewicht zwischen Körper und Seele. „Mens sana in corpore sano", ein gesunder Geist in einem gesunden

Körper, galt als Leitbild. Der Körper wurde ästhetisiert, er wurde in Gymnasien trainiert, in Wettkämpfen mit anderen gemessen und in Statuen verewigt. Im europäischen frühen Mittelalter ist damit Schluss – es gibt keine Thermen, Amphitheater oder Sportstätten mehr. Für Papst Gregor den Großen (540 – 604) ist der Körper nichts weiter als ein *„verabscheuenswertes Kleidungsstück der Seele"*.[13] Eine pessimistische Sicht, die sich im Laufe der Jahrhunderte noch verschärft. Für Kleriker ist der Leib zuvorderst eins: eine Angriffsfläche für die Sünde. Askese und Enthaltsamkeit gelten als die probaten Gegenmaßnahmen. Die Abkehr von der Antike und der Wandel hin zu einem lustfeindlichen Körperbild werden später von Nietzsche und nach ihm von Foucault heftig attackiert.

Zudem lebt der mittelalterliche Mensch in der Erwartung des bevorstehenden Weltendes. Die biblischen Schriften sind noch nicht kanonisiert, und im frühen Christentum zirkulieren zahlreiche Apokalypsen, die den Weltuntergang in drastischen Katastrophengemälden ausmalen. Der nahende Untergang und das anschließende Weltgericht machen es umso dringlicher, sich aktiv um sein Seelenheil zu bemühen.

---

[13] Jacques Le Goff: Une histoire du corps au Moyen Âge. 2006. S. 39.

Der Fokus der Lebenden ist vollkommen auf das Jenseits ausgerichtet.

Im Hochmittelalter (11. – 13. Jahrhundert) kommt es im Christentum zu einer Ausdifferenzierung der Jenseitstopographie. Das dualistische Konzept von Himmel und Hölle wird um einen dritten Ort erweitert: die Vorhölle bzw. das Purgatorium. In vielen Kulturen wird dem Feuer eine heilige und reinigende Kraft zugesprochen. Und so ist es auch hier. Im Fegefeuer werden die Seelen einiger Sünder gereinigt, damit auch sie am Tag der Auferstehung ins Paradies gelangen können. Der Mediävist Jacques Le Goff definiert diesen neuen Ort wie folgt: *„Das Fegefeuer ist ein intermediäres Jenseits, in dem bestimmte Tote eine Prüfung zu bestehen haben, die durch die Fürbitte – die geistliche Hilfe – der Lebenden verkürzt werden kann."*[14] Der Umweg über das Purgatorium ermöglicht es Menschen, trotz kleiner Verfehlungen ins Paradies zu gelangen, und – das ist bemerkenswert – erstmals können die Hinterbliebenen direkten Einfluss auf das Seelenheil der Verstorbenen nehmen. Jetzt werden für die Toten Messen gelesen, und reiche Adlige stiften gleich ganze Kirchen und Abteien. In den folgenden Dekaden entwickelte sich dieses

---

[14] Jacques Le Goff: Die Geburt des Fegefeuers. Vom Wandel des Weltbilds im Mittelalter. 2. Aufl. München 1991. S. 14.

Konzept der zeitlich begrenzten Hölle zu einer wahren Gelddruckmaschine für die Kirche. Der Ablasshandel erreichte einen beispiellosen Höhepunkt. Der Reformator Martin Luther hingegen verwarf das Konzept des Fegefeuers und legte mit seinem Thesenanschlag zu Wittenberg 1517 den Grundstein zum Schisma.

Definitiv keine Hoffnung auf das Paradies dürfen sich Häretiker machen. Ihnen drohen wegen ihrer Irrlehren der Feuertod und die ewige Verdammnis. So auch dem Dominikanermönch **Giordano Bruno** (1548 – 1600). Was die Existenz des Universums anbelangt, so gibt es logisch betrachtet nur zwei denkbare Möglichkeiten: Entweder das Universum ist einmal entstanden, oder es ist ewig und war schon immer da. Von Letzterem überzeugt ist Giordano Bruno. Damit stellt er nicht nur die biblische Schöpfungsgeschichte in Frage, sondern viele zentrale Glaubensdogmen der Kirche. Brunos Gedanken sind im Kern nicht neu, besitzen aber für die Kirche eine außerordentliche Sprengkraft. Schon der Vorsokratiker Empedokles (ca. 495 – 435 v.u.Z.) vertrat eine ähnliche Kosmologie. Die Grundstoffe des Universums (Luft, Feuer, Wasser und Erde) sind gleich, jedoch unterliegen sie einem beständigen Formungs- und Transformationsprozess. *„Es gibt nichts Neues auf der Welt, keine*

*Geburt und auch nicht wirklich einen Tod. Es existieren lediglich Vermengung sowie Austausch von gemischten Stoffen.*"[15]

Weitere argumentative Unterstützung meint Bruno auch bei einem Zeitgenossen zu finden, dem Astronomen Nikolaus Kopernikus. Dieser verwirft das geozentrische Weltbild und ersetzt es durch ein heliozentrisches. Wenn, wie es Bruno annimmt, das Universum unendlich ist, gibt es kein Außen, also keinen Platz für einen transzendenten Gott. Das Göttliche ist folglich im Universum enthalten, und zwar überall und in jeder Materie. Wenn wir sterben, zerfällt der Körper in seine Atome. Diese setzen sich später wieder neu zusammen, in welcher organischen oder anorganischen Gestalt auch immer.

Giordano Bruno hatte Jesus Christus einst einen Betrüger genannt und endete auf dem Scheiterhaufen. Doch in den kommenden Jahrhunderten wuchs die Skepsis an den Glaubensdogmen. In der Frühaufklärung im 17. und 18. Jahrhundert kursierten zahlreiche sogenannte klandestine Schriften, die meist anonym und im Geheimen verbreitet wurden. Zu diesen Untergrundautoren zählt auch die Naturwissenschaftlerin und Philosophin **Émilie du Châtelet**

---

[15] Petra Gehring: Theorien des Todes zur Einführung. Hamburg 2010. S. 16.

(1706 – 1749). Unter dem Einfluss von Isaac Newton unterzieht sie die biblischen Inhalte einem Faktencheck. Und unter dem scharfen Blick einer Naturwissenschaftlerin haben die biblischen Weltentstehungsmythen und Wundergeschichten keinen Bestand. Offenbarungsreligionen lehnt sie kategorisch ab. Sie bezeichnet sich selbst als Deistin und glaubt an einen vernünftigen Schöpfergott. Allerdings greift dieser anschließend nicht mehr in die von ihm erschaffene Welt ein. Dieser vernünftige Schöpfergott offenbart sich ausschließlich in den universell geltenden physikalischen Naturgesetzen.

Gleichzeitig zirkulieren radikal atheistische Schriften. Ein besonders berüchtigtes Beispiel ist der 1719 in Frankreich anonym erschienene Traktat mit dem Titel „Le traité des trois imposteurs" (dt. Traktat über die drei Betrüger). Darin werden die drei Begründer der abrahamitischen Religionen Moses, Jesus und Mohammed als Betrüger bezeichnet, da sie vorgaben, von Gott Offenbarungen erhalten zu haben. Das alles sei Lug und Trug. Der Traktat gilt als einer der Schlüsseltexte der französischen Aufklärung. Dem Verfasser nach gibt es weder einen Gott noch das Jenseits, weder Freiheit noch Verantwortung. *„Die Menschen – das war das Verheißende des Textes – sollten von den Fesseln befreit* *werden, die sie in ihrem Handeln und Denken einschränkten, von den Fesseln einer Moral, die im Bunde mit einer fragwürdigen, repressiven Herrschaft stand.*"[16] Diese radikal-atheistische Haltung elektrisiert Ende des 18. Jahrhunderts auch einen gewissen **Marquis de Sade** (1740 – 1814). In seinen eigenen Werken wie der „Histoire de Juliette" übernimmt er Passagen aus dem Traktat nahezu wortgleich. Unter den Aufklärern zählt Sade zum materialistischen Flügel. Alles ist Materie beziehungsweise Natur. „Belebt sein" ist eine Eigenschaft von Materie, auf die auch Gedanken, Gefühle und Bewusstsein zurückgeführt werden können. Damit sind Begriffe wie Gott, Seele oder Moral obsolet. Für Sade ist der Mensch ein egoistisches und triebgesteuertes Tier. Der Zweck seines Seins besteht allein in der sinnlichen Lustmaximierung. Und für Sade ist sogar der Lustmord legitim und er desavouiert damit jede herkömmliche Moralvorstellung. Mit dem Tod zerstäubt ein Mensch – mehr nicht.

Mit Arthur Schopenhauer (1788 – 1860) gerät eine große, bis dahin im Abendland kaum bekannte Religion in den Blickpunkt: der Buddhismus. Schopenhauer ist einer der ersten, der intensive Studien betreibt und der seine eigene

---

[16] So Winfried Schröder, der Herausgeber einer zweisprachigen Edition aus dem Jahr 1994, im ZEIT-Interview vom 20.05.2010. Quelle: meiner.de/traktat-uber-die-drei-betruger

Philosophie mit den Grundüberzeugungen dieser Jahrtausende alten Religion in Einklang wähnt. Für den Pessimisten und Skeptiker Schopenhauer wirkt im Menschen ein „Wille zum Leben", ein zielloser, sinnfreier Lebenstrieb. „Alles drängt zum Dasein", heißt es in seinem Hauptwerk „Die Welt als Wille und Vorstellung". Doch das Dasein ist untrennbar mit Leid verbunden, sei es in Form von Krankheit, Alter oder Schmerz. Und es ist eben jener ziellose Wille, der das Elend am Laufen hält. Nach indischer Vorstellung ist die Welt vom „Schleyer der Maya" verhüllt. Das Wirkliche, die Wahrheit der Dinge (vergleichbar mit dem kantischen „Ding an sich") bleibt dem Menschen verborgen. Alles ist nur Illusion. Gleichzeitig wird dem Maya auch eine projizierende Kraft zugeschrieben: „Die Welt ist meine Vorstellung", so lautet der erste Satz im Hauptwerk Schopenhauers, ein Mantra, das auch buddhistische Mönche täglich rezitieren. Die Auffassung, das Leben sei Leiden, findet sich auch in den „Vier edlen Wahrheiten" des Buddhismus. Ursache des Leidens sind zuallererst sinnliche Begierden. Der „Durst nach sinnlichen Genüssen, nach Dasein, Werden und Nichtsein" ist der Grund, warum der Mensch in einem ewigen Kreislauf aus Leben und Tod gefangen ist. Ziel ist der Austritt aus dem Samsara, diesem Kreislauf aus Leiden, Dasein und Wiedergeburt. Erreichen lässt sich dieses Ziel durch eine asketische und spirituelle Lebensführung. Der Buddhismus stellt hohe ethische Ansprüche an den Menschen, betont aber die Eigenverantwortung des Individuums. Es liegt am einzelnen Menschen und seiner Willenskraft, ob er reinkarniert oder ob er Erleuchtung findet und ins Nirwana eintritt. Ein ethisches Konzept, das ohne ein Weltende, ein Jenseits und einen Richtergott auskommt – und das auch Schopenhauer nachhaltig beeindruckte. Was aber genau unter Nirwana zu verstehen ist, wird höchst unterschiedlich interpretiert. Wörtlich bedeutet es „erlöschen, verwehen". Es wird aber auch transzendent gedeutet. Für Buddha bedeutete Nirwana zugleich das „höchste Glück". Zur Zeit Schopenhauers wurde das Wort Nirwana mit dem lateinischen „nihil" („nichts") übersetzt. Damit ist der Grundstein für eine neue philosophische Strömung gelegt, den Nihilismus.

Schopenhauer hat viele Dichter und Denker nachhaltig geprägt. Auch die Philosophen Philipp Mainländer und Friedrich Nietzsche zählen dazu. **Philipp Mainländer** (1841 – 1876) ist ein eher unbekannter Philosoph, der aber mit einer sehr exzentrischen Kosmologie auf den Plan tritt. Bei ihm kommt Gott zu der (buddhistischen) Einsicht, dass das Nichtsein dem Sein vorzuziehen sei. Allerdings kann der

„AllEine" Gott nicht direkt in den Zustand des Nichtseins wechseln. Gott begeht also Selbstmord und das Universum ist das Resultat, sprich der verwesende Kadaver Gottes, der sich erst mit der Zeit nach und nach auslöscht. Da, wo Schopenhauer einen „Willen zum Leben" erkennt, sieht Mainländer allerorts eine destruktive Kraft wirken. Der Mensch beschleunigt mit seinem hohen Ressourcenverbrauch den universellen Zerfallsprozess. Eine Sichtweise, die heutige Ökologen und Umweltschützer sicher aufhorchen lassen muss. Mainländer bezeichnet sich selbst als linken Buddhisten und führt, inspiriert von den „Vier edlen Wahrheiten", ein Leben in Keuschheit. So hofft er selbst im Nirwana, dem Nichtsein, zu verlöschen.

Auch für **Friedrich Wilhelm Nietzsche** (1844 – 1900) ist Gott tot. Jedoch hat er nicht Selbstmord begangen, sondern wurde von den Menschen unwissentlich ermordet. Mit dem Tod Gottes fehlt der sinnstiftende Moment, und es beginnt das Zeitalter des Nihilismus, in dem es keine Werte und keine absoluten Wahrheiten mehr gibt. Moral ist nichts weiter als eine leere Hülle bestehender Sitten ohne Wert und Sinn. Der Glaube an einen christlichen Gott hat allein den einen Zweck, eine Vielzahl an stupiden „Heerdenmenschen" hervorzubringen. Nietzsche sieht sein Zeitalter in der

Phase der Dekadenz, in der die Menschen den Verlust von Kultur und Werten nicht eigenständig zu füllen vermögen. Diesem Niedergang stellt er jedoch eine Utopie entgegen: Der Nihilismus kann durch einen neuen Menschentypus überwunden werden. Dem zukünftigen „Übermenschen" wird die „Umwertung aller Werte" gelingen, sodass er den Sinn aus sich selbst schöpfen kann. Das ist jedoch Zukunftsmusik. Für den Atheisten Nietzsche sind Begriffe wie „Gott", „Unsterblichkeit der Seele" oder „Jenseits" nur leere Worthülsen. Der Tod ist für ihn daher ein sinnloses Ereignis, das als dionysisches Fest zelebriert werden sollte.

Die Französische Revolution und die daraus resultierenden Umbrüche haben die Philosophie Georg Wilhelm Friedrich Hegels (1770 – 1831) nachhaltig geprägt. Hegel interpretiert die Weltgeschichte als Fortschrittsgeschichte, in der sich der „Weltgeist" (d.h. die absolute Vernunft) verwirklicht. Historische Prozesse geschehen dialektisch, sprich nicht frei von Widersprüchen. Dennoch wirkt im Hintergrund stets die absolute Vernunft. Karl Marx und Friedrich Engels wollen Mitte des 19. Jahrhunderts Hegels Philosophie „vom Kopf auf die Füße stellen". Sie übertragen Hegels Dialektik auf die Geschichte selbst: Den grundsätzlichen Widerspruch sehen sie zwischen der arbeitenden Klasse und den Eigentümern von Produktionsmitteln, sprich den Kapitalisten. Dieser dialektische Widerspruch muss folglich mittels Klassenkampfs überwunden werden. Ihr historisches Endziel ist die klassenlose Gesellschaft. Die Theorien von Hegel und Marx wirken noch weit ins 20. Jahrhundert hinein und prägen auch das Denken des Intellektuellen **Walter Benjamin** (1892 – 1940). Doch nach dem Ersten Weltkrieg und der Machtübernahme der Nationalsozialisten, die den assimilierten Juden ins Exil zwingt, kann er den Fortschrittsoptimismus Hegels nicht mehr teilen. Im Gegenteil: Benjamin attestiert der Weltgeschichte eine Anhäufung von Katastrophen. Einen Ausweg aus dieser fatalen Abfolge bietet eine „schwache messianische Kraft", die in jeder Epoche wirkt. Benjamin versucht in dialektischer Tradition, marxistisches Denken mit einem revolutionär interpretierten jüdischen Messianismus zu verbinden. Mit dem Anbruch der messianischen Zeit (Benjamin spricht auch „von einem Tigersprung ins Vergangene") wird das Zeitkontinuum gesprengt, sodass alle Unterdrückten und Entrechteten nachträglich Gerechtigkeit erfahren. Benjamin sieht, wie Marx, das einzelne Individuum immer im Kontext der Gesellschaft. Er zeichnet ein humanistisches Bild einer Endzeit, auf das alle, Verstorbene wie Lebende, hoffen dürfen. Denn die messianische Erlösung bezieht sich nicht allein auf die Zukunft, sondern bindet die Vergangenheit mit ein.

Im Mittelalter tobte unter Scholastikern ein heftiger Konflikt, der als Universalienstreit in die Geschichte eingehen wird. Im Kern des Streites geht es um die Frage, ob allgemeine Wörter (wie z.B. Freiheit oder Gerechtigkeit) auf Reales (Universalien) verweisen, oder ob sie nur Namen sind (Nominalismus), ohne faktischen Bezug zum Seienden. Auch für **Ludwig Wittgenstein** (1889 – 1951) ist die Sprache das Schlachtfeld seiner Philosophie. Sprache und Denken sind eng miteinander verknüpft. Dennoch ist Sprache nicht selten unlogisch und irreführend. So kann ein und dasselbe Wort sogar, je nach Kontext, das genaue Gegenteil ausdrücken (*Alle* Kinder sind da – Die Milch ist *alle*). Auch Philosophen verwenden einen und denselben Begriff in höchst unterschiedlicher Weise. So versteht Platon unter der „Seele" etwas völlig anderes als zum Beispiel Aristoteles oder Nietzsche. Wittgenstein will der „Verhexung des Verstandes durch die Sprache" ein Ende bereiten. Für ihn erhalten Wörter erst im Gebrauch ihre Bedeutung. Erst im konkreten Kontext – Wittgenstein spricht von Sprachspiel – erschließt sich der Sinn. Über Gott oder das Göttliche kann hingegen keine sinnvolle Aussage getroffen werden. „Gott offenbart sich nicht in der Welt", er ist absolut transzendent und entzieht sich somit jeder sprachlichen Annäherung. „Worüber man nicht sprechen kann, darüber muss man schweigen", so lautet der letzte Satz aus Wittgensteins berühmtem Tractatus logico-philosophicus. Die Fronterfahrungen im Ersten Weltkrieg haben aus Wittgenstein einen tief religiösen Menschen gemacht. Er nähert sich Gott in der Tradition einer negativen Theologie. Sprachlich lässt sich Gott nicht fassen, aber doch spirituell erahnen. Denn das Unaussprechliche ist – unausgesprochen – im Gesprochenen enthalten.

**Michel Foucault** (1926 – 1984) ist, ähnlich wie Walter Benjamin, kein Philosoph im klassischen Sinne, sondern ein Intellektueller, der sich auf vielen Gebieten der Geisteswissenschaften tummelt. Auch er befasst sich mit der Weltgeschichte. Sein Hauptaugenmerk liegt auf der Frage: Wer hat die Macht und wie wird sie ausgeübt? Einem Therapeuten ähnlich durchleuchtet er in seinen Diskursen, wie er sein Denken nennt, die Machtstrukturen zu unterschiedlichen Zeitepochen. Welcher Art sind die Machtverhältnisse, die bestimmen, wie sich der Mensch ernähren, wie er arbeiten und wie er sich sexuell verhalten soll? In Frankreich protestierte er in den 1960er Jahren gegen die massenhafte

Inhaftierung von Kleinkriminellen sowie die Wegsperrung von psychisch Kranken in Irrenanstalten. Foucault, im bürgerlich-katholischen Milieu groß geworden, wandelt sich rasch zum überzeugten Atheisten. Eine Unterordnung unter religiösen Machtstrukturen kommt für ihn nicht in Frage. Für Foucault ist der Tod Endzweck des Lebens und zugleich „der privateste Punkt der Existenz". Mit Nietzsche teilt er nicht nur den Atheismus, sondern auch die Idealisierung der griechischen Antike. Da den Menschen nach dem Tod nichts erwartet, fordert Foucault die Menschen in antiker Tradition auf zu einer aktiven „Sorge um sich selbst".

Eine erfrischend klare Antwort auf die ultimative Frage nach dem Leben, dem Universum und überhaupt allem („life, the universe and everything") liefert uns der britische Autor Douglas Adams in seiner Romanreihe „Per Anhalter durch die Galaxis" (1979). Ein Supercomputer namens „Deep thought" spuckt nach Millionen Jahren des Rechnens schließlich die Antwort aus. Sie lautet: 42.

# SOKRATES, DER ZWEIFLER

**„Kein Mensch ist weiser als Sokrates!", verkündete einst das Orakel von Delphi. Von da an hinterfragte der 469 v.u.Z. vor den Toren Athens geborene Philosoph alle Aspekte des Lebens. Im Jahr 399 v. u. Z. wurde er in einem Prozess zum Tod durch den Schierlingsbecher verurteilt. Sokrates gilt als Gottvater der abendländischen Philosophie.**

In Athen des 5. Jahrhunderts v.u.Z. ist Sokrates vor allem eines: eine stadtbekannte Nervensäge. Seine Bühne ist der Marktplatz. Hier befragt er jeden, auf den er trifft: Handwerker, Dichter, Politiker, allesamt Profis ihres Faches. Und er löchert sie so lange, bis diese zugeben müssen, dass sie im Grunde genommen doch nichts wissen. Sokrates ist vierzig Jahre alt, als er sich der Philosophie widmet. Er ist Sohn eines Steinmetzes und einer Hebamme und hat nach dem Tod des Vaters ein kleines Vermögen geerbt, das ihm nun ein karges Auskommen sichert.

Doch was hat Sokrates dazu bewogen, sich der Philosophie zu verschreiben? Schuld trägt das Orakel von Delphi. Dieses verkündete einst, niemand sei weiser als Sokrates. Dieser Orakelspruch muss dem Athener absurd vorgekommen sein. Zwar erschließt sich ein Orakelspruch den

Menschen nicht unmittelbar, aber dass das Orakel lügt, hält jeder für ausgeschlossen. Also beginnt Sokrates nachzuforschen, worin denn seine Weisheit besteht. Schnell kommt er zu der Erkenntnis: Es wird mehr behauptet als gewusst. Viele Menschen glauben lediglich gewisse Dinge zu wissen, doch er selbst ist eben darum weiser, weil er das, was er nicht weiß, auch nicht zu wissen glaubt.

*„Ich weiß, dass ich nichts weiß"*, diese sokratische Selbsterkenntnis wird später zum geflügelten Wort. Nimmt man diese naiv anmutende Erkenntnis unter die Lupe, zeigt sich ein Widerspruch. Denn jemand, der weiß, dass er nichts weiß, weiß zumindest schon einmal dieses. Und dieses kleine Quantum an Wissen macht Sokrates zum Weisesten unter den Männern von Athen? Dieses Nichtwissen bildet in jedem Fall die Basis, von der aus Sokrates seine philosophischen Streifzüge startet. Um sich nicht schon vorab von vermeintlichem oder tradiertem Wissen in die Irre leiten zu lassen, macht er als erstes Tabula rasa. Ganz gleich, welche philosophische Fragestellung er mit seinen Gesprächspartnern erörtert, er fängt stets bei null an, mimt den Ahnungslosen und erweitert dann Schritt für Schritt seine Erkenntnis. Allgemeingültige Annahmen und traditionelle Weltbilder kommen auf den Prüfstand. Nicht Mythen oder

Halbwissen zählen, sondern Sokrates vertraut allein dem Logos und dem gesunden Menschenverstand. Argumente werden abgewogen, anhand logischer Kriterien geprüft und für wahr oder falsch befunden. Hypothesen werden bestätigt oder verworfen allein mit den Mitteln des Verstandes. Auf diese Weise nähert er sich den Fragen nach dem Guten, Schönen oder Wahren und gewinnt Einsichten, die seinen Schüler Platon später zu seiner Ideenlehre inspirieren werden.

Was sein Äußeres betrifft, so ist Sokrates alles andere als ein Adonis. Er schielt, hat eine breite Knubbelnase und trägt einen an einen Satyr erinnernden wilden Bart. Zudem hat er den Bauchumfang eines Weinfasses. Dennoch scharen sich zahllose Schüler um ihn, einige bekunden sogar unverblümt ihr erotisches Interesse. Im Laufe der Jahrzehnte ist der Philosoph der Erzieher etlicher Athener Sprösslinge. Aber Sokrates und sein Auftreten polarisieren. Für nicht wenige ist er eine Zumutung und sie bezichtigen ihn der Wortdreherei. Sie werfen ihm vor, er mache Großes gering und Geringes groß.

Sokrates selbst hat – und das hat er gemein mit Jesus von Nazareth und Buddha – zeitlebens keine schriftlichen Werke verfasst oder hinterlassen. Dass wir dennoch so viel über diesen Begründer der abendländischen Philosophie wissen, verdanken wir zuallererst seinem Schüler Platon. Jener hat uns in unzähligen Dialogen wie „Phaidros", „Phaidon" oder „Symposion" das sokratische Denken überliefert. Für Sokrates ist der Dialog wesentlich. Erst im Dialog mit seinem Gegenüber gelangt er zu neuen philosophischen Erkenntnissen. Er selbst vergleicht sein Vorgehen mit der „Maieutik", der Hebammenkunst. Er sieht sich als Geburtshelfer, der Wahrheiten ans Tageslicht fördert.

Im Jahr 399 v.u.Z. ist Sokrates bereits 70 Jahre alt, als er sich unversehens auf der Anklagebank wiederfindet. Aber wieso wird diesem abgehobenen Philosophie-Rentner überhaupt der Prozess gemacht? Der gegen ihn erhobene Vorwurf lautet: Er betreibe „asébeia" (wörtlich „Frevel gegen die Götter") und er verderbe die Jugend. Doch was ist dran an diesen Vorwürfen? Betrachten wir zunächst den Anklagepunkt der Asebie. Barry B. Powell weist in seiner „Einführung in die klassische Mythologie" zu Recht darauf hin: *In der vorchristlichen Welt war Religion nicht dasselbe wie Glaube, und sie vertrat oder verbreitete [...] keinerlei Dogmen. Wir können solche Religionen als eine Ansammlung von Bräuchen, die*

*auf dem Glauben an unsichtbare, übermenschliche Wesen beruht,
definieren".*[17]

Religion zur damaligen Zeit ist vornehmlich eine Kult-
religion, die zuerst die Einhaltung von Riten einfordert. Es
handelt sich nicht um eine Bekenntnis- oder Glaubensreli-
gion. Aber gegen welche Bräuche hat der Philosoph konkret
verstoßen? Die Anklage bleibt diesbezüglich unpräzise und
wirft ihm generelle Gottlosigkeit vor. Sokrates selbst hingegen spricht von einem Daimon, einer Art innerer göttlicher
Stimme, die ihn leitet und von gewissen Taten abrät. Diese
Stimme habe ihm auch davon abgeraten, in die Politik zu gehen. Der Glaube an einen „Daimon" ist in der hellenistischen
Epoche eher positiv besetzt und hat nichts Anrüchiges an
sich. Die negative Konnotation des „Dämonischen" erfährt
der Begriff erst Jahrhunderte später im christlichen Abendland.[18] Es ist daher erstaunlich, dass Sokrates' „Daimon" die
Athener derart in Rage versetzt, dass sie seinen Tod fordern.

Die Asebie-Beschuldigung erscheint nachrangig, zumal
in ähnlichen Prozessen die Angeklagten mit milden Strafen
davongekommen sind. Schwerer wiegt der zweite Vorwurf,

---

[17] Barry B. Powell: Einführung in die klassische Mythologie. 2009. S. 94.
[18] Vgl. Kurt Flasch: Der Teufel und seine Engel, aaO, S. 30. [„Das Wort
<Daimon> [...] stammt aus der hellenistischen Kultur; in ihr waren <Dä-
monen> produktive geistige Kräfte, sowohl gut wie böse, aber eher gut."]

wonach er die Jugend verderbe. Es ist gerade einmal vier Jahre her, dass die Terrorherrschaft der 30 die Stadt und ihre Bewohner tyrannisierte. Nach der Niederlage Athens im Peloponnesischen Krieg griffen Oligarchen nach der Macht. Die acht Monate währende Schreckensherrschaft forderte über 1.500 Opfer unter der athenischen Bevölkerung und führte zu einer Massenflucht. Der Schrecken dürfte vielen Athenern noch in den Knochen stecken. Sie haben ganz sicher nicht vergessen, dass zwei der schlimmsten Tyrannen einst von Sokrates erzogen wurden. Einer von beiden war Kritias, ein Onkel Platons. Vielen Athenern ist der elitäre Club um Sokrates ein Dorn im Auge. Sie befürchten, dass dort die nächste Generation von potenziellen Oligarchen herangezüchtet wird. Obgleich Sokrates nicht mit den Oligarchen kooperierte, scheint der Vorwurf „er verderbe die Jugend" für viele einen Prozess zu rechtfertigen – ein Prozess, der also im Kern politischer Natur ist.

In der antiken Polis obliegt die Rechtsprechung nicht einem einzelnen Richter, sondern ist eine Angelegenheit der Gemeinschaft. Insgesamt 501 Juroren haben das Urteil zu fällen. Hunderte weitere Bürger verfolgen als Schaulustige das Geschehen. Nachdem die drei Ankläger ihre Vorwürfe vorgetragen haben, erhält der Angeklagte das Wort. Drei

Stunden lang wendet sich Sokrates an die Juroren und Zuhörer. Seine Devise lautet: Angriff ist die beste Verteidigung. Bereits zu Beginn bezichtigt er die Ankläger, sie seien unverschämte Lügner. Im Verlauf der Apologie kommt es wiederholt zu Tumulten. Mit welcher Verve sich der Philosoph verteidigt und mit welchem rhetorischen Geschick er die Anklagepunkte aufgreift und verwirft, das ist in Platons „Apologie des Sokrates" nachzulesen. Doch seine Richter zu attackieren, das ist auch schon damals nicht unbedingt die beste Verteidigungsstrategie. Daher verwundert es wenig, dass am Ende das Urteil relativ deutlich ausfällt: 281 Stimmen landen in der Urne mit der Aufschrift „schuldig", nur 220 sprechen ihn frei. Die Juroren haben sein Schicksal besiegelt. Anschließend wird das Strafmaß bestimmt: Tod durch den Schierlingsbecher. Sokrates wird also zum Selbstmord gezwungen, indem er einen Becher mit dem tödlichen Gift der Schierlingspflanze zu sich nehmen muss. Doch die Todesstrafe wird nicht sofort vollstreckt. Der Grund dafür ist ein Ritus, der dies untersagt. Sokrates' Freunde nutzen die dadurch gewonnene Zeit und bestechen die Wächter, um dem Philosophen die Flucht zu ermöglichen. Doch dieser winkt müde ab, denn auch schlechte Gesetze gälte es zu respektieren. Vielleicht hält ihn zudem sein hohes Alter von einer Flucht ab. Sodann naht der Zeitpunkt seiner

Hinrichtung. Platon, der an diesem Tag aufgrund einer Erkrankung verhindert ist, berichtet aus zweiter Hand in seinem „Phaidon" von den Ereignissen am Todestag. Zuerst nimmt Sokrates ein Bad, um den Frauen später eine aufwendige Leichenwäsche zu ersparen. Seine junge Frau Xanthippe nimmt Abschied mit den drei Kindern. Gemeinsam mit den anderen Frauen weint und klagt sie und wird daher weggeschickt. Dann erscheinen die Freunde Phaidon, Kebes und Simmias. Im Phaidon-Dialog dreht sich alles um die Frage nach der Unsterblichkeit der Seele. Sokrates ist am Tag seiner Hinrichtung heiter und zuversichtlich gestimmt, von Todesfurcht keine Spur. Seine tröstende Erkenntnis lautet:

*„Tritt also der Tod den Menschen an, so stirbt, wie es scheint, das Sterbliche an ihm, das Unsterbliche aber und Unvergängliche zieht wohlbehalten ab, dem Tode aus dem Wege."* (Phaidon, 106e)

Sokrates glaubt also an eine positive Weiterexistenz der Seele, auch wenn letzte Zweifel bestehen bleiben, wie die Einschränkung *„wie es scheint"* nahelegt. Kurz vor Sonnenuntergang kommt einer seiner Bewacher und überreicht Sokrates den Schierlingsbecher. Anfangs informiert sich der Todeskandidat über den Verlauf der Hinrichtung sowie über die Wirkung des Giftes:

*„Wohl, Bester, denn du verstehst es ja, wie muss man es machen? – Nichts weiter, sagte er, als wenn du getrunken hast, herumgehen bis dir die Schenkel schwer werden, und dann dich niederlegen, so wird es schon wirken. Damit reichte er dem Sokrates den Becher, und dieser nahm ihn, und ganz getrost, o Echekrates, ohne im mindesten zu zittern oder Farbe oder Gesichtszüge zu verändern."* (Phaidon 117)

Gefasst spricht Sokrates ein letztes Gebet für seine Seele und leert anschließend den Becher in einem Zug. Bei den anwesenden Freunden brechen nun alle Dämme. Sie weinen und klagen bitterlich. Sokrates ermahnt sie:

*„Was macht ihr doch, ihr wunderbaren Leute! ich habe vorzüglich deswegen die Weiber weggeschickt, dass sie dergleichen nicht begehen möchten; denn ich habe immer gehört, man müsse stille sein, wenn einer stirbt. Also haltet euch ruhig und wacker."* (Phaidon 117)

Dann schreitet Sokrates umher, bis das Gift zu wirken beginnt. Louis Lewin beschreibt in seiner Schrift „Die Gifte in der Weltgeschichte" (1920) die Wirkung wie folgt:

*„Der Schierling ruft, vor allem durch Coniin, eine Lähmung des Rückenmarks und Gehirns hervor. Das Atemzentrum versagt*

zuerst den Dienst. Der Vergiftete erstickt, während das Bewusstsein bis zuletzt erhalten bleibt."[19]

Entsprechend realistisch ist der Bericht im Phaidon:

*„Er aber ging umher, und als er merkte, dass ihm die Schenkel schwer wurden, legte er sich gerade hin auf den Rücken, denn so hatte es ihn der Mensch geheißen. Darauf berührte ihn eben dieser, der ihm das Gift gegeben hatte, von Zeit zu Zeit, und untersuchte seine Füße und Schenkel. Dann drückte er ihm den Fuß stark, und fragte, ob er es fühle; er sagte nein. Und darauf die Knie, und so ging er immer höher hinauf, und zeigte uns, wie er erkaltete und erstarrte. Darauf berührte er ihn noch einmal, und sagte, wenn ihm das bis ans Herz käme, dann würde er hin sein."* (Phaidon117/118)

Dann spricht der Philosoph seine letzten Worte: *„wir sind dem Asklepios einen Hahn schuldig, entrichtet ihm den, und versäumt es ja nicht."* (Phaidon 118)

Sein letzter Wunsch ist es, ausgerechnet dem Gott der Heilkunst ein Tier zu opfern – und er mahnt die Umstehenden, dies ja nicht zu vergessen. Kommt hier abermals sokratische Ironie zum Vorschein, wie einige Interpreten vermuten? Oder hält sich Sokrates akribisch an die

---

[19] Louis Lewin: Die Gifte in der Weltgeschichte. 1920.
Quelle: www.gifte.de

Gebräuche, um einmal mehr den gegen ihn erhobenen Vorwurf der Asebie zu entkräften? Kriton jedenfalls verspricht, das Opfer zu bringen:

*„Das soll geschehen, sagte Kriton, sieh aber zu, ob du noch sonst etwas zu sagen hast. Als Kriton dies fragte, antwortete er aber nichts mehr, sondern bald darauf zuckte er, und der Mensch deckte ihn auf; da waren seine Augen gebrochen. Als Kriton das sah, schloss er ihm Mund und Augen. Dies, o Echekrates, war das Ende unseres Freundes, des Mannes, der unserm Urteil nach, von den damaligen, mit denen wir es versucht haben, der trefflichste war, und auch sonst der vernünftigste und gerechteste."* (Phaidon 118)

Wie nach seinem Tod der Leichnam zu bestatten sei, ob durch Erd- oder Feuerbestattung, das überlässt Sokrates seinen Freunden. Die Art der Bestattung hat für ihn keine Bedeutung, da sie lediglich den leblosen Körper betrifft, der für die unsterbliche Seele keine Relevanz mehr besitzt.

# Die menschliche Seele – unsterblich oder auf ewig zerstäubt?

Welche Vorstellung genau hatte Sokrates vom Tod und vom Jenseits? Und wie ist er zu seinen Überzeugungen gelangt? Erhellendes hierzu liefern insbesondere die bereits angeführten Platon-Dialoge „Phaidon" und „Die Apologie des Sokrates".

Betrachtet man den „Phaidon", so fällt auf, dass eine wesentliche Grundannahme, nämlich die, dass alle Lebewesen beseelt seien, von niemandem angezweifelt wird. Ebenso unhinterfragt bleibt eine zweite Grundannahme: Alles, was ist, ist aus etwas entstanden. Nichts entsteht aus nichts. Gleiches gilt für die Seelen, die ebenfalls nicht aus dem Nichts auftauchen können. Aber wo kommen dann die Seelen der Neugeborenen her? Sokrates folgert, *„dass es sich bei den Seelen der Neugeborenen um die Seelen von Toten handelt, die sich mit einem entstehenden Körper verbinden."*[20] Dies impliziert, dass die Seelen zwischenzeitlich weiterhin existiert haben müssen, in einem wie auch immer gearteten Jenseits. Die Verbindung zwischen Leib und Seele ist ganz und gar.

---

[20] Gehring, aaO, S. 22.

Ähnlich wie ein Schwamm, der sich komplett mit Wasser vollsaugt, so ist der menschliche Körper von der Seele durchdrungen. Alle Lebewesen sind also umfassend beseelt. Diese totale Verquickung von Körper und Seele birgt jedoch auch Nachteile. Für Sokrates ist der Körper ein Gefängnis der Seele. Denn der Körper steht der Seele bei der Suche nach dem Wahren und Guten im Wege. Der menschliche Körper ist in subjektiven Empfindungen verhaftet, und Sinneseindrücke wie auch Emotionen können täuschen. Erst wenn die Seele von allem Stofflichen befreit ist, kann sie ungetrübt das Gute und Wahre erkennen. Aber wieso, so wendet Simmias im Phaidon-Dialog kritisch ein, sollte nicht auch die Seele wie der Körper sterben und am Ende „zerstäuben"? An dieser Stelle führt Sokrates überraschenderweise ein moralisches Argument ins Feld: *„Denn wenn der Tod eine Entledigung von allem wäre, so wäre es ein Fund für die Schlechten, wenn sie sterben, ihren Leib loszuwerden, aber auch ihre Schlechtigkeit mit der Seele zugleich."* (Phaidon, 107c)

Mit anderen Worten ausgedrückt: Wäre die Seele sterblich, gäbe es für den Menschen überhaupt keinen Grund, sich moralisch zu verhalten. Am Ende sind alle gleich – die Tugendhaften wie die Betrüger, Diebe und Mörder? Dies ist für Sokrates schwer zu akzeptieren, weshalb er dann doch einen Mythos bemüht. Die verstorbenen Seelen haben im Tartaros (dem tiefsten Teil der Unterwelt) eine Art Prüfung zu bestehen. Die schlechten Seelen müssen dann dort verharren, während die „reinen" Seelen belohnt werden. Er implementiert also ein Belohnungs- und Sanktionssystem, das sich später mühelos mit der christlichen Jenseitsvorstellung von Himmel und Hölle vereinen lässt. Auch wenn die Unsterblichkeit der Seele sich nicht schlussendlich beweisen lässt, so ist es in Sokrates' Augen doch vernünftig, daran zu glauben. Soweit seine Ausführungen im Phaidon.

Es ist augenfällig, wie gut sich Sokrates' Ausführungen über die menschliche Seele in das philosophische System Platons einfügen. Erstaunlicherweise berichtet Xenophon, ebenfalls ein Schüler von Sokrates und eine zweite wichtige zeitgenössische Quelle, von alledem nichts. Ihm zufolge begrüßt Sokrates sogar das Todesurteil als eine Art aktive Sterbehilfe. Er kann nun, da er noch bei Sinnen und Kräften ist, diese Welt kurz und schmerzlos verlassen. Somit bleiben ihm das Gebrechen des Alters und die damit verbundenen Übel erspart, die sich angesichts seines hohen Alters eher früher als später einstellen würden.[21] Petra Gehring weist daher zu Recht darauf hin, dass die Figur des Sokrates in

---

[21] Vgl. Jacques Charon, aaO, S. 35.

erster Linie ein literarisches Produkt seines Schülers Platon ist.[22] Während Platon im Phaidon ganz offensichtlich einige seiner eigenen philosophischen Überzeugungen Sokrates in den Mund gelegt hat, so scheinen die Aussagen in der „Apologie" näher an der tatsächlichen Position des Philosophen zu sein. Offenkundig geht es Platon hier in erster Linie um eine originalgetreue Wiedergabe des Prozesses. Die Äußerungen des Sokrates über den Tod sind in der „Apologie" eher marginal, weisen jedoch einige frappierende Unterschiede auf. So resümiert er vor der Versammlung:

*„Denn eins von beiden ist das Totsein: entweder so viel als nichts sein noch irgendeine Empfindung von irgendetwas haben, wenn man tot ist; oder, wie auch gesagt wird, es ist eine Versetzung und Umzug der Seele von hinnen an einem anderen Ort. Und es ist nun gar keine Empfindung, sondern wie ein Schlaf, in welchem der Schlafende auch nicht einmal einen Traum hat, so wäre der Tod ein wunderbarer Gewinn."* (Apologie 40c)

Im Gegensatz zum Phaidon-Dialog ist die Möglichkeit, dass mit dem Tod alles endet, nicht vom Tisch. Ein Übergang in ein Nichts, also auch der Seele, ist zumindest denkbar und nicht auszuschließen. Als zweite Option zieht Sokrates in Betracht, dass der Tod eine Art traumloser Schlaf sei. Eine

---

[22] Gehring, aaO, S. 42.

Hypothese, die im Phaidon fehlt, aber in der griechischen Mythologie ihre Entsprechung findet. Denn hier ist Hypnos, der Gott des Schlafes, der Bruder des Totengottes Thanatos. Die Nähe von Tod und Schlaf ist tief im Bewusstsein der antiken Griechen verankert. Doch wieso ist der traumlose Schlaf ein Gewinn? Sokrates denkt an einen tiefen, erholsamen Schlaf, aus dem man später völlig rekurriert und ausgeschlafen erwacht. Dass dieser Schlaf ein Gewinn ist, bezieht sich also paradoxerweise auf den Zeitpunkt des Erwachens. Die Frage, ob Sokrates eine Wiedergeburt der Seele in einem anderen Körper impliziert, bleibt offen. Ebenso unbestimmt bleibt der Ort, an dem sich die Seelen zum Schlaf zurückziehen. Für Sokrates ist neben dem passiven Totsein im Schlaf auch eine aktive Fortexistenz im Jenseits denkbar:

*„Ist aber der Tod wiederum wie eine Auswanderung von hinnen an einen anderen Ort, und ist das wahr, was gesagt wird, dass dort alle Verstorbenen sind, – was für ein größeres Gut könnte es wohl geben als dieses, ihr Richter? Denn wenn einer, in der Unterwelt angelangt, nun dieser sich so nennenden Richter entledigt dort die wahren Richter antrifft, von denen auch gesagt wird, dass sie dort Recht sprechen [...] – wäre das wohl eine schlechte*

*Umwanderung? [...] Ich wenigstens will gern oftmals sterben, wenn dies wahr ist."* (Apologie 23b)

Sokrates greift hier den vorherrschenden Glauben der Athener auf: Alle Toten kommen nach dem Ableben ins Totenreich. Hier treffen sie auf ihre Ahnen. Und – so führt Sokrates weiter aus – auf die Gerechten und wahren Richter. Es ist fraglich, ob sich der Philosoph diesem ‚Volksglauben' tatsächlich anschließt. Zum einen widerspricht er damit dem Glauben an die Wiedergeburt der Seele. Wieso ist er sicher, seine Ahnen zu treffen? Müssten deren Seelen nicht zwischenzeitlich wiedergeboren worden sein, wenn – wie im Phaidon behauptet – die Summe aller Seelen stets gleich bleibt? Zuallererst handelt es sich hier um einen geschickten rhetorischen Schachzug für seine Verteidigung. Während er das Bild der „wahren Richter" anführt, unterstellt er zugleich der Athener Gerichtsversammlung, dass sie sich als die falschen Richter erweisen, falls sie ihn verurteilen. Gelassen beendet er seine Apologie:

*„Zeit, dass wir gehen, ich, um zu sterben, und ihr, um zu leben. Wer aber von beiden zu dem besseren Geschäft hingehe, das ist allen verborgen außer nur Gott."* (Apologie 42a)

Sokrates – das überliefern alle Quellen übereinstimmend – geht furchtlos in den Tod. Der Tod bleibt das große Unbekannte, doch sich vor etwas zu fürchten, das man nicht kennt, ist in Sokrates' Augen töricht. Trotz aller philosophischen Versuche, dem Tod auf die Schliche zu kommen, müsste Sokrates aber auch hier am Ende wohl einräumen: „Ich weiß, dass ich nichts weiß."

# SENECA, DER STOIKER

**Lucius Annaeus Seneca wurde im Jahr 1 v.u.Z. im spanischen Córdoba geboren und verstarb 65 in der Nähe von Rom durch den erzwungenen Suizid. Er war einflussreicher Politiker, Philosoph, Dichter und zudem der Erzieher des berüchtigten Kaisers Nero. Als Philosoph gilt er als einer der Hauptvertreter der Stoa.**

Quo vadis? – Wer den Sandalenfilm aus den 1950er Jahren gesehen hat, dem kommt unweigerlich ein Bild in den Sinn: Wie Peter Ustinov als Kaiser Nero mit irrem, euphorischem Blick auf seiner Lyra spielt, während das zu seinen Füßen liegende Rom in Flammen aufgeht. Es ist der 19. Juli 64, als der größenwahnsinnige Herrscher die Weltmetropole niederbrennen lässt, um eine neue Stadt nach seinen Vorstellungen zu errichten. Auch der Name für diese neue Stadt steht ihm bereits vor Augen: Neropolis. Seinem einstigen Lehrer, dem Staatsbeamten und Philosophen Seneca, bleibt zumindest der Anblick dieses Infernos erspart. Der Polit-Rentner, einer der brillantesten Intellektuellen seiner Zeit, lebt in jenen Jahren bereits zurückgezogen auf einem kleinen Weingut nordöstlich von Rom. Keine zwei Jahrzehnte sind es her, dass Kaisergemahlin Agrippa den Patrizier Seneca aus dem korsischen Exil zurück nach Rom holte, um den damals zwölfjährigen Thronanwärter zu erziehen. Seneca nahm sich dieser historischen Aufgabe an und wollte den heranwachsenden Nero zu einem geradezu philosophischen Herrscher formen. Der ideale Herrscher ist weise, lässt Milde walten und agiert frei von Vanitas, von Ruhmsucht und Habgier. Der Philosoph vertritt die Überzeugungen der griechischen Stoiker: Seelenfrieden findet nur derjenige, der sich von jeglichem Besitzdenken, von allen Begierden und flüchtigen Befriedigungen der Sinne befreit. Die Kardinaltugenden gelten ihm als Wegweiser: Klugheit (sapientia), Mäßigung (modestia), Gerechtigkeit (iustitia) und Tapferkeit (fortitudo). Doch die Tugendpredigen seines Lehrers gehen dem kaiserlichen Zögling ab. Keine Frage, als Pädagoge ist der Philosoph krachend gescheitert. Nero entwickelt sich, ähnlich wie zuvor schon Caligula, zu einem skrupellosen Despoten, der über Leichen geht. Rom ist in jener Epoche der Nabel der Welt, ein Schmelztiegel. Gut drei Millionen Menschen wohnen in der Stadt, davon ein Drittel Sklaven. Um die Massen zu unterhalten, gibt es „Brot und Spiele". Nero liebt die Musen, das Theater, den Tanz und die Musik. Und vor allem das Wagenrennen. Für Seneca hingegen ist das hektische Großstadtleben mit den zügellosen und lasterhaften Ausschweifungen ein Gräuel. In seinem Werk „Die Kürze des Lebens" wundert er sich, dass so viele Menschen am Ende beklagen, dass das Leben so kurz sei. Seneca hingegen befindet:

*„Hinreichend lang ist das Leben und großzügig bemessen, um Gewaltiges zu vollbringen, würde man es im Ganzen nur richtig investieren. Doch wenn es uns in Genuss und Nichtstun verrinnt, wenn wir es keinem guten Zweck widmen, dann wird uns erst in letzter Not bewusst, dass, was von uns unbemerkt verging, vorbei ist.“*

Und er folgert nüchtern: *„es mangelt uns nicht an Zeit, sondern wir verschwenden sie.“*[23]

Doch wie ist die Zeit seiner Meinung nach sinnvoll zu nutzen? Wie sieht ein erfülltes Leben aus? Seneca fordert auf zum Rückzug ins Private und zur Beschäftigung mit der Philosophie. Hierin besteht für ihn der Sinn des Lebens. Denn nur die Philosophie kann den Menschen die Furcht vor dem Tod nehmen und Zufriedenheit stiften. Eine elitäre Empfehlung für die Upperclass, kein Ratschlag für die Massen. Schon zu Lebzeiten beschuldigen nicht wenige Seneca der Janusköpfigkeit. Predigt hier jemand Wasser und trinkt heimlich Wein? Hat er nicht selbst über Jahre hinweg in den unterschiedlichsten Funktionen im Hintergrund des

---

[23] Seneca: Die Kürze des Lebens. Deutsch von Gerhard Fink. Frankfurt 2004. S. 19. (nachfolgend: KDL).

Machtapparates die Strippen gezogen? War er nicht ein Hans Dampf in allen Gassen? Seneca war Politiker, Senator, Konsul, Redenschreiber, Philosoph, Naturforscher und Tragödiendichter – und lange Zeit im Machtumfeld von Nero tätig. Dennoch bleibt sein Einfluss auf den musenliebenden Kaiser begrenzt. Mit der Brandstiftung im Jahr 64 hatte der despotische Herrscher und leidenschaftliche Laiendarsteller, der zuvor bereits seine Mutter und Geschwister ermorden ließ, den Bogen überspannt. Um den römischen Adeligen Piso versammeln sich zahlreiche Verschwörer. Ihr Ziel: ein Attentat auf den Kaiser und die Übernahme der Macht. Einige Zenturionen erwägen, im Anschluss an den Putsch Seneca die Herrschaft zu übertragen, da sie Piso für ungeeignet halten. Doch die pisonische Verschwörung fliegt auf. Ab sofort schlägt die Stunde der Verräter. Es folgt eine Denunziationswelle, und Nero startet eine beispiellose Säuberungsaktion, die später als das „schmutzige Jahr" in die Annalen eingehen wird. Nero lässt nicht nur die Verschwörer ermorden, sondern entledigt sich auch aller, die ihm im Weg stehen. Im Zusammenhang mit der Verschwörung fällt schließlich auch der Name Seneca. Der Kaiser ist hell erfreut. Seneca war alles andere als ein Speichellecker. Er sprach auch gegenüber Nero immer Klartext. Endlich kann der römische Ödipus auch seinen unbequemen

Ziehvater aus dem Weg räumen. Aber ob überhaupt, und wenn ja, inwieweit Seneca an der Verschwörung tatsächlich beteiligt war, bleibt im Dunklen. Dennoch erhält der Philosoph im Jahr 65 sein Todesurteil. Von der Aufforderung zum Selbstmord zeigt sich Seneca wenig überrascht, wie uns Geschichtsschreiber Tacitus in seinen „Annalen" überliefert:

*„Wem"*, so wendet er sich an die Anwesenden, *„sei denn die Grausamkeit Neros unbekannt gewesen. Nach Ermordung der Mutter und Geschwister sei nichts mehr übrig, als dass er den Tod seines Erziehers und Lehrers hinzufüge."* (Tac.ann.15,62)[24]

Seneca beabsichtigt vor seinem Tod noch ein Testament abzufassen, was ihm der Zenturio jedoch untersagt. Ist der steinreiche Seneca bereits de facto von der Staatsmacht enterbt und steht auf einer Proskription? Oder drängen Neros Schergen einfach zur Eile? Seneca vermacht daraufhin seinen Freunden *„das Schönste, was er habe, das Bild seines Lebens"* (Tac.ann.15, 62). Anschließend mahnt er die Weinenden um Fassung. Wohlwollend nimmt er die Entscheidung seiner Frau Pompeia Paulina zur Kenntnis, die ebenfalls mit ihm aus dem Leben scheiden möchte: *„Ich hatte dich auf Mittel, dich mit dem Leben zu befreunden, hingewiesen, du ziehst aber den*

---

24 Publius Cornelius Tacitus: Annales. Dt. von G.F. Strodbeck, bearb. von E. Gottwein. Quelle: www.gottwein.de/Lat/tac/ann1560.php

*Ruhm des Todes vor. Ich wehre dir nicht die schöne Tat.“*
(Tac.ann.15,63)

Bis hierher klingt es stoisch-gelassen, doch von jetzt an wird es blutig. Gemeinsam lässt sich das Paar die Adern an den Armen öffnen. Doch beim alten, ausgezehrten Körper des Philosophen scheint das Blut nicht mehr richtig zu zirkulieren. Also lässt er sich weitere Venen an den Schenkeln und Knien aufschneiden. *„ Von heftigen Qualen erschöpft riet er seiner Gattin, um sie nicht durch seine Schmerzen zu entmutigen [...] in ein anderes Zimmer zu gehen.“* (Tac.ann.15,63)

Pompeia Paulina wird hinausgeführt, und wenig später werden ihre Wunden verbunden. Nero scheint nicht an ihrem Tod gelegen. Sie wird ihren Gatten um Jahre überleben. Bei Seneca lässt der ersehnte Tod jedoch auf sich warten. Der Philosoph ruft seine Schreiber herbei und diktiert ihnen wie im Rausch. Als der Tod immer noch nicht eintreten will, bittet er seinen Freund und Arzt Statius Annaeus, ihm den geheim bereit gehaltenen Schierlingstrank zu reichen, *„denselben, durch den in Athen in einem Kriminalgericht Verurteilte hingerichtet werden“* (Tac.ann.15, 64). Doch auch das Gift zeitigt keine Wirkung mehr. Zuletzt wird er in ein Dampfbad gebracht, wohl um die Zirkulation des erkalteten Blutes anzuregen. Hier im Bad besprengt der Todgeweihte *„die* *nächststehenden Sklaven und sagte, er spende dies als Trankopfer Jupiter, dem Befreier"*. (Tac.ann.15, 64) Doch wird es wohl auch Neros Soldaten allmählich zu heiß, und Seneca wird hier im Bad vermutlich kurzerhand von ihnen erstickt. Nach seinem Ableben wird der Leichnam *„ohne alle Leichenfeier verbrannt"* (Tac.ann.15, 64). Was Seneca seinen Schreibern in seinem allzu langen Todeskampf noch zu sagen hatte, ist nicht überliefert.

## Die Zeit, die bleibt

Die Ataraxia („die unerschütterliche Seelenruhe") im Angesicht des Todes, das Schierlingsgift, das Trankopfer an Jupiter – Senecas Tod erinnert stark an den Tod Sokrates, wie er von Platon im Phaidon überliefert ist. Dennoch ist einiges anders beim römischen Sokrates-Imitator. Auffällig ist die Akzeptanz des Suizids seiner Gattin. Bereits zuvor hatte er deutlich gemacht, dass er den Freitod für legitim hält. In seinem 70. Brief an seinen Freund Lucilius heißt es:

*„Denn es gibt viele Gründe, die uns zu einer von beiden möglichen Entscheidungen bewegen können. Wenn die Todesart mit Folterqualen verbunden ist, die andere einfach und leicht, warum sollte ich mich nicht an die letztere halten?"* Und so lautet sein Fazit: *„Für das Leben muss jeder auch Rücksicht nehmen auf die Billigung anderer, den Tod bestimme er ganz nach eigener Wahl; je mehr nach unserer Neigung, desto besser."*

Der Tod ist der finale Schlusspunkt des Lebens. Über ihn darf der Mensch zuweilen auch autonom entscheiden. Der Tod begleitet uns von Geburt an, bereits unser erster Atemzug verkürzt unsere verbleibende Lebenszeit. Da der Tod jederzeit eintreten kann, fordert Seneca: *„das ganze Leben lang* *muss man lernen zu sterben."*[25] Ein Leben in stetigem Gedenken an den Tod erfüllt zwei Zwecke: Einerseits verliert der Tod seinen Schrecken, andererseits wird der Gedanke, die begrenzte Lebenszeit sinnvoll zu nutzen, zur Maxime. Wer wesentliche Dinge auf später verschiebt, handelt töricht. Das rastlose und umtriebige Leben von Politikern und Geschäftsleuten sowie sonstigen Workaholics führt nur zu einem Verlust an Lebensqualität. Auf der untersten Stufe stehen bei ihm diejenigen, die sich ganz den flüchtigen Begierden hingeben, *„die nur für Suff und Sex etwas übrig haben."* Denn: *„Wer sich seinem Bauch und seiner Geilheit überlässt, der entehrt und besudelt sich."*[26] Verlorene Lebenszeit lässt sich nicht wieder zurückholen. Und so folgert er konsequent: *„Nicht lange gelebt hat er, sondern er war lange vorhanden."*[27] Das reine Vorhandensein in der Zeit hat an und für sich keine Qualität, und von daher zieht er die ernüchternde Bilanz:

*„Ein kleiner Teil des Lebens ist's, in dem wir leben. Die restliche ganze Lebenszeit ist nicht Leben, sondern nur Zeit."*[28]

An dieser Stelle zeigt sich ein zweiter substanzieller Unterschied zur Sokrates' Philosophie. In der römischen

---

[25] KDL S. 28.
[26] KDL S. 27.
[27] KDL S. 30.
[28] KDL S. 20.

Gesellschaft des 1. Jahrhunderts gibt es keine Jenseitsvorstellung, wie sie noch die alten Griechen kannten, oder wie sie sich in neu erstehenden Sekten wie dem Christentum gerade herauskristallisieren. Religiöse Bräuche und Riten galt es einzuhalten, aber an eine Fortexistenz der Seele nach dem Tod konnte der gemeine Mensch nicht hoffen. Die Römer hatten den Pantheismus der Griechen weitgehend adaptiert, weshalb Seneca vage von Gott, mal von Göttern spricht. Obgleich auch er in der Auseinandersetzung mit den griechischen Philosophen metaphysische Fragen aufwirft, wie beispielsweise *„Woraus besteht Gott, was ist sein Vergnügen, sein Beruf, wie seine Gestalt? Welches Schicksal erwartet deinen Geist? Wohin wird die Natur uns, wenn wir aus dem Leib entlassen sind, versetzen?"*[29] bleibt er eindeutige Antworten schuldig. Zu sehr ist seine Philosophie im Hier und Jetzt verhaftet. Und so rückt der Tod als ein unausweichliches Ereignis in den Blick, das jeden Menschen persönlich betrifft. Der Tod tritt dem einzelnen Menschen vollkommen gleichgültig gegenüber. Es ist vollkommen irrelevant, ob jemand arm oder reich ist, ob er tugendhaft oder unmoralisch handelt. Der Tod zeigt keine Empathie und verleiht keinen Aufschub. Für Seneca gehört der Tod *„zu den Dingen, die*

---

[29] KDL S. 50.

*zwar nicht schlecht sind, aber dennoch das Aussehen eines Übels haben.*"[30] Und er liefert auch gleich den Grund für seinen schlechten Ruf: *"die Liebe zu sich selbst und der Wille, weiterzuleben und sich zu bewahren ist uns eingepflanzt, ebenso der Abscheu vor Auflösung, weil sie den Eindruck erweckt, uns viele Güter zu entreißen und uns aus der Fülle der Dinge, an die wir uns gewöhnt haben, hinwegzuführen.*"[31]

Seneca attestiert dem Menschen einen natürlichen Selbsterhaltungstrieb. Die Angst vor dem Tod manifestiert sich zunächst als Angst vor dem Verlust materieller Güter. Allerdings gibt es noch einen zweiten Aspekt: *"Auch der Umstand entfremdet uns dem Tod, dass wir diese Dinge schon kennen, von jenen, in die wir hinübertreten müssen, nicht wissen, wie diese beschaffen sind, und vor ihnen, da sie unbekannt, zurückschrecken. Naturgegeben ist uns außerdem die Furcht vor dem Dunkel, in das der Tod führen wird, wie man glaubt.*"[32]

Das Leben ist uns vertraut. Es ist das Unbekannte und Unheimliche, was den Menschen ängstigt. Schon Sokrates hatte darauf hingewiesen und gefolgert, dass es unsinnig sei, sich vor etwas zu fürchten, was man nicht kennt. Seneca hingegen zieht eine andere Konsequenz:

---

[30] Seneca: Briefe an Lucilius. Zit. nach Gehring, aaO, S. 53.
[31] Ebd.
[32] Ebd.

*„Mit großer Mühe muss sich die Seele abhärten, um seinen Anblick und sein Nahen zu ertragen. Wir müssen dem Tod mehr Verachtung zeigen, als es geschieht.“*[33]

Auch die von Sokrates geäußerte Befürchtung, dass, wenn mit dem Tod alles endet, der Mensch keinen Grund zu einer moralischen Lebensführung habe, teilt Seneca nicht. Für ihn verhält es sich genau andersherum. Eine moralische Lebensführung lohnt sich in jedem Fall, da der Gewinn sofort ausgezahlt wird und nicht erst nach dem Ableben. Der Gewinn besteht in der Loslösung von sämtlichen Begierden und Leidenschaften, wodurch bereits zu Lebzeiten Seelenfrieden erlangt werden kann. Den Tod fürchtet der asthmakranke Seneca nicht:

*„Der Tod ist die Befreiung und das Ende von allen Übeln, über ihn gehen unsere Leiden nicht hinaus, er versetzt uns in jene Ruhe zurück, in der wir lagen, ehe wir geboren wurden.“*[34]

---

[33] Ebd.

[34] Trostschrift an Marcia, XIX. In: Lucius Annaeus Seneca: Trostschriften. Berliner Ausgabe, 2013. S. 24.

# AVICENNA, DER MEDICUS

**Der 980 in der damals persischen Stadt Buchara geborene Avicenna war das, was man heute ein Universalgenie nennt: Er war Philosoph, Arzt und Naturwissenschaftler. In seiner Philosophie vereint er das aristotelische Denken mit dem islamischen. Auf einem Feldzug im Jahr 1037 konnte der Medicus sein eigenes Leiden nicht lindern und starb infolge eines Behandlungsfehlers.**

Einen Mediziner, Juristen oder Theologen in der Familie zu haben, finden Angehörige oft sehr praktisch. Die Familie Ibn Sina, so der ursprünglich persische Name Avicennas, kann sich in dieser Hinsicht besonders glücklich schätzen. Denn ihr ältester Sprössling ist nicht nur schon in jungen Jahren äußerst wissbegierig, er ist das, was man heutzutage hochbegabt nennen würde. Mit zehn Jahren kann er bereits den gesamten Koran auswendig zitieren. Mit sechzehn Jahren ist er ausgebildeter Jurist, Arzt und Theologe. Und als ihm zwei Jahre später kein Lehrer mehr etwas beibringen kann, muss er ernüchtert feststellen, dass er mit *„allen Wissenschaften am Ende"*[35] sei.

Doch dann gelingt dem jungen Avicenna das Meisterstück, das seinen Ruhm als Medicus in der gesamten

---

[35] Quelle: www1.wdr.de/stichtag/stichtag2716.html

muslimischen Welt begründen soll. In seiner Heimatstadt wird der Emir von extrem starken Koliken geplagt. Vor Schmerzen gekrümmt, mit verzerrten Gesichtszügen windet er sich in seinem Krankenlager. Die Ärzte verordnen ihm die damals gängige Therapie und bespicken den Rücken mit zahlreichen Blutegeln. Doch ohne Erfolg. Als sich der Zustand verschlimmert und alle den nahen Tod des Herrschers befürchten, rufen die ratlosen Ärzte nach dem gerade 18-jährigen Avicenna. Dieser fackelt nicht lange und handelt: *„Nehmt ihm das Gewürm vom Leib. Holt Opium und Selleriesamen, kocht einen Sud. Bereitet ein Klistier."*[36] Die Therapie schlägt an, und als der Emir wieder vollständig genesen ist, gewährt dieser dem jungen Medicus aus Dank jeden Wunsch. Avicenna zeigt sich bescheiden und bittet lediglich um den Zugang zur Palastbibliothek. Diese besteht aus etlichen Räumen und ist reichlich bestückt. Neben den Klassikern der alten Griechen finden sich auch viele seltene Bücher in den Truhen. Schriften, die kaum ein Mensch zuvor gesehen hatte. Für Avicenna ein Fest. Er liest sich durch den gesamten Bestand. Vor allem die Schriften des Aristoteles haben es ihm angetan. Nachts schreibt er seine

---

[36] Wilhelm Ludwig: Der Medicus aus dem Morgenlande. 14.02.2001. Quelle: stern.de

philosophischen Kommentare zu Logik und Metaphysik, tagsüber praktiziert er als Arzt. Ohne Berührungsängste begegnet er allen Kranken und entwickelt neue Behandlungsmethoden und Arzneien. Diese testet er auch an sich selbst aus. Bereits lange vor der Erfindung des Mikroskops vermutet er, dass es *„kleine Organismen [gibt], die durch Luft und Wasser wandern und Krankheiten verursachen.“*[37] Hygiene wird zum obersten Gebot. Später schreibt er sein medizinisches Wissen in seinem Qānūn („Kanon der Medizin") nieder. Darin diagnostiziert er Hunderte von Leiden, empfiehlt Therapien und listet über 700 Heilmittel auf. Gleichzeitig erkennt er, dass Krankheiten nicht nur physiologische, sondern auch psychologische Ursachen haben können. So gibt er auch ärztliche Ratschläge zur Behandlung von Depression und Liebeskummer. Schon zu seinen Lebzeiten kursierten über seine neuen, teils verblüffenden Behandlungsmethoden viele Anekdoten. Ein Beispiel: Ein Prinz war in melancholischem Zustand gefangen und stark abgemagert. Der Medicus fühlte ihm den Puls und ließ dabei von seinen Schülern die Straßennamen der Stadt aufsagen. Als der Puls des Prinzen bei einer bestimmten Straße

---

[37] Frank Thadeusz: Doktor Allwissend. S. 75. In: SPIEGEL-GESCHICHTE 2/2010.

schneller schlug, fuhr Avicenna fort: Jetzt wurden die Namen der Bewohner dieser Straße aufgesagt. Und wieder reagierte der Puls heftig bei der Nennung eines bestimmten Namens. Es handelte sich um den Namen eines Mädchens, in das der Prinz unsterblich verliebt war. Eine Hochzeit wurde arrangiert und der Prinz war geheilt.

Wie sehr Psyche und Körper zusammenwirken, zeigt ein weiterer Vorfall. Nachdem eine Sklavin dem Emir eine Platte mit Essen serviert hatte, wurde sie von einem Hexenschuss überrascht und konnte sich nicht mehr aufrichten. Ein anwesender Arzt zog ihr kurzerhand die Kleidung herunter. Die entblößte Sklavin, von Scham überwältigt, war augenblicklich kuriert. Für Avicenna war dies ein weiterer Beweis für die Macht der Seele über den Körper.[38]

Sei es als Arzt, sei es als Philosoph, Avicenna ist ein Workaholic durch und durch. Er arbeitet bis spät in die Nacht hinein und ist schon in aller Frühe nach dem Morgengebet wieder am Start. Um sich aufzuputschen, trinkt er Kaffee. Nach getaner Arbeit genießt er ausgiebig Wein, Gesang und jede Art von Unterhaltung. Einer seiner Schüler erinnert sich:

---

[38] Gotthard Strohmaier: Avicenna. Ein Muslim im Kirchenfenster. Aus: Spektrum der Wissenschaft 1/2003.

*„Ich las ein Stück aus der ‚Genesung‘, ein anderer ein Stück aus dem ‚Kanon‘. Waren wir damit fertig, erschienen Sänger aller Art, ein Weingelage mit allem, was dazu gehört, wurde hergerichtet und wir befassten uns damit. Der Unterricht fand in der Nacht statt, weil er tagsüber im Dienst des Emirs stehend keine Zeit hatte.“*[39]

Dennoch findet Avicenna ausreichend Zeit, sein Wissen um die weibliche Anatomie ganz praktisch zu vertiefen. Einer seiner Schüler notiert beinahe schon mitleidsvoll:

*„Bei dem Meister waren alle Kräfte stark entwickelt, wobei unter den Kräften des begehrenden Seelenteils die sexuelle am stärksten und übermächtigsten war. Er war oft davon in Anspruch genommen, was sich auf seine Konstitution auswirkte.“*[40] Kurzum: Der Meister lebt in jeder Hinsicht exzessiv.

Nach dem Tod des Emirs von Buchara im Jahr 1005 beginnen für Avicenna unstete Zeiten. Im persischen Großreich brodeln zahlreiche militärische Konflikte. Der Medicus begibt sich immer wieder in den Dienst verschiedener Herrscher. Als Leibarzt des mächtigen Emirs der Buyiden-Dynastie in Ray bringt es der fremde Emporkömmling sogar bis zum Großwesir. Doch eine Intrige führt zu

---

[39] Ebd.
[40] Thadeusz, aaO, S. 75.

seiner Entmachtung. Im Jahr 1023 verfasst Avicenna im Großreich von Ishafan sein philosophisches Hauptwerk: „Das Buch des Wissens".

Avicenna begründet keine originär neue Philosophie. In der Tradition des Mittelalters kommentiert er aristotelische und antike Schriften und versucht, diese mit dem muslimischen Weltbild in Einklang zu bringen. Alles muss eine Ursache haben, so lautet seine Prämisse. Und die erste Ursache von allem ist Gott. Gott ist das zwingend notwendig Seiende, während die Menschen nur möglich Seiende sind. Das griechische „göttliche Eine" (tò hén) wird auf Allah, den Gott des Korans, umgemünzt.

Im Juni 1037, als er seinen Emir erneut bei einer militärischen Operation begleitet, wird der Medicus von einer Krankheit heimgesucht, die er so oft behandelt hat. Er leidet unter heftigen Koliken und lässt sich gleich acht (!) Klistiere verabreichen. Bei der Behandlung erleidet er innere Blutungen. Ob die Koliken eine Folge von Ruhr oder Darmkrebs waren, wie moderne Interpreten vermuten, bleibt offen. Aber eines ist sicher: Der brillante Mediziner hat bei sich selbst jedes Maß verloren. Erneut lässt er sich mit einem Sud aus Selleriesamen behandeln, allerdings mit der zehnfachen Dosis. Zusätzlich nimmt er Opium gegen die epileptischen

Anfälle. Trotz dieser Überdosis überlebt Avicenna wie durch ein Wunder. Er erholt sich vorübergehend. Doch anstatt sich zu schonen, nimmt er seinen gewohnten Lebensstil wieder auf. Warum der Gelehrte gerade in diesen Fragen seinem Vorbild Aristoteles, für den das gesunde Mittelmaß die oberste Tugend ist, nicht folgen will, ist wahrscheinlich eine Charakterfrage. Avicenna verliert sich erneut in leiblichen Exzessen, trinkt, isst und liebt im Übermaß. Sein Credo lautet: *„Lieber ein kurzes Leben in Fülle, als ein karges langes Leben."*[41]

Kurz darauf endet das Leben eines der größten Genies und Genießer seiner Zeit. Avicenna erleidet einen erneuten Rückfall und stirbt im Alter von 57 Jahren während eines Feldzugs in Hamadan. Al-Juzajani, sein Schüler, ist jedoch überzeugt: Neben der medikamentösen Überdosis war es vor allem die Sexsucht, die seinen Meister zugrunde gerichtet hat.[42]

Avicennas „Kanon der Medizin" wird 100 Jahre später ins Lateinische übersetzt und ist auch in Europa über Jahrhunderte hinweg das Standardwerk für alle Ärzte und

---

[41] Quelle: https://de.wikipedia.org/wiki/Avicenna
[42] Michael Marder: The Philosopher`s Plant. An Intellectual Herbarium. New York Columbia University Press, 2014. S. 80.

Mediziner. Zudem machen seine Kommentare Aristoteles im christlichen Abendland erst bekannt. Die lateinischen Übertragungen von Avicennas Schriften sind für die großen mittelalterlichen Philosophen wie Johannes Duns Scotus oder Thomas von Aquin eine wesentliche Quelle der Inspiration. Avicennas Grabmal und Mausoleum im persischen Hamadan sind bis heute zu besichtigen.

# Die Jenseits-Imagination

Für Avicenna ist die Medizin lediglich ein Handwerk, keine große Kunst und daher kaum der Rede wert. Er sieht sich viel lieber in der Rolle des Philosophen und Gelehrten. Doch schon als junger Koranschüler hatte er seine Probleme mit zentralen Glaubensinhalten: *„Mein Vater und mein Bruder diskutierten die ismailitischen Lehren daheim. Ich hörte ihnen zu, ich verstand, was sie sagten, doch meine Seele verweigerte sich ihnen."*[43]

Der junge Schiit ist skeptisch. Er übernimmt nicht einfach die Koranauslegungen seiner Zeit, sondern hinterfragt sie. Er zweifelt beispielsweise an der Präexistenz der Seele und daran, dass Gott die Welt in sechs Tagen erschaffen hat. Für ihn ist Gott das zwingend ewig Seiende, aus dem alles möglich Seiende entspringt. Avicenna folgt in weiten Teilen der Seelenlehre Aristoteles. Erst im Mutterleib verbindet sich die Seele mit dem Körper. Leib und Seele sind keine zwei voneinander getrennten Wesensteile, sondern bilden von Anfang an eine untrennbare Einheit. So unsinnig es ist, jemanden, der sich ein Hemd gekauft hat, zu fragen, ob er

---

[43] Ludwig, aaO.

mit dem Hemd auch zugleich den Stoff erworben hat, so unsinnig ist es, eine Trennung von Leib und Seele anzunehmen. Ein deutlicher Unterschied zum Leib-Seele-Dualismus, wie ihn Platon propagiert. Alle Lebewesen sind beseelt, aber in unterschiedlichem Maße. So spricht auch Avicenna, wie bereits Aristoteles vor ihm, von verschiedenen Seelenstufen. Die meisten niederen biologischen Wahrnehmungsstufen unterhalb der Vernunftebene teilt der Mensch mit vielen anderen Lebewesen. Der Mensch ist jedoch das einzige Lebewesen, das über die Fähigkeit zur Selbstwahrnehmung (d.h. eine Ich-Identität) sowie über einen aktiven Intellekt verfügt. Dies sind demnach die höchsten Seelenstufen. Der Mensch erlangt durch seinen Intellekt allgemeine Erkenntnisse. Durch den Intellekt wird er von Gott erleuchtet und kann an dem göttlichen Intellekt teilhaben. Doch was geschieht nach dem Tod eines Menschen? Die menschlichen Überreste sind ebenso wie die niederen Seelenstufen vergänglich. Allein die höchste Seelenstufe, also der Intellekt, ist unsterblich.

In seiner detaillierten Untersuchung zu Avicennas Jenseitsvorstellung gelangt Jean Michot zu folgender Schlussfolgerung:

*„Alles in allem liegt nach Avicenna die Bestimmung des Menschen in einer Art intellektuellem Fortleben: die Rückkehr der Seele zu sich selbst und zu ihrer spirituellen, übersinnlichen Welt, außerhalb aller Körperlichkeit, in Kontemplation zu Gott."*[44]

Eine Auferstehung des Körpers ist für den Mediziner absurd. Aber wie kann eine „körperlose" Seele paradiesische Freuden oder höllische Qualen empfinden, wenn sie eben körperlos ist? Avicenna versucht den Spagat zwischen der Offenbarung des Korans mit ihren sinnlichen Verheißungen und Qualen und der philosophischen Erkenntnis eines reinen Intellekts zu bewältigen. Für ihn ist der Koran nicht wörtlich, sondern symbolisch zu verstehen. Dann greift er zu einem verblüffenden Trick: Der unsterbliche Intellekt erfährt die jenseitigen Freuden und Qualen durch Imagination. Als Mediziner hat er erkannt, dass es auch psychisches Leiden gibt, das keinerlei körperliche Ursachen hat. Ähnlich wie bei einem Phantomschmerz oder Phantomglück kann die intelligible Seele auch nach dem Tod realen Schmerz oder Glück erfahren.

---

[44] Jean Michot: Avicenne et la destinée humaine. A propos de la résurrection des corps. In: Revue Philosophique de Louvain. Quatrième série, tome 79, n°44, 1981. S. 456.

*„Die Auferstehung der Körper, die [paradiesischen] Gärten und ihre Quellen, die Feuersglut und Höllenqualen seien wahrhafte Jenseits-Imaginationen – deren Existenz rein spirituell sei, wie es die Philosophie beweist."* [45]

Paradies und Hölle sind sozusagen reine Einbildungen, aber durch Imagination spirituell erfahrbar. Auf welches theologische Minenfeld sich Avicenna mit diesen Thesen begibt, ist ihm selbst nur zu gut bewusst. Insbesondere die symbolische Auslegung des Korans wird von Korangelehrten heftig kritisiert. Wenn es keine körperliche Auferstehung gäbe, müsse der Prophet Mohammed gelogen haben. Für sie ist nur eine wörtliche Auslegung der heiligen Schriften denkbar. Auch hier entzieht sich Avicenna geschickt dem Verdacht des Frevels mit einem Trick: Er äußere sich nicht persönlich, sondern zitiere lediglich andere Gelehrte. Mit dieser Ausrede entzieht er sich klammheimlich dem Würgegriff der Glaubenswächter. Avicenna geht es aber mitnichten um eine Ab- oder Umwertung des Korans. Für ihn ergibt die Bildhaftigkeit einer körperlichen Auferstehung im Koran durchaus Sinn. Religion muss sinnlich erfahrbar sein, will sie die einfachen Massen erreichen.

---

[45] Michot, aaO, S. 463.

*„Wenn er [der Prophet] von einem Leben nach dem Tod spricht, ist es offensichtlich Ziel seiner Mission: die Massen auf den Weg des Guten zu führen."*[46]

Oder anders formuliert: Nur durch diese drastische Sinnhaftigkeit lässt sich das gemeine, ungebildete Volk zu einem moralisch guten Leben bewegen.

In welchen jenseitigen Sphären der Intellekt des Universalgenies des Morgenlandes auch seine Kreise ziehen mag, so bleibt beim modernen Leser jedoch eine Frage offen: Was macht es für die verstorbenen Seelen eigentlich für einen Unterschied, ob die eschatologischen Verheißungen und Drohungen real körperlich empfunden werden oder nur der Imagination entspringen?

---

[46] Michot, aaO, S. 471.

# GIORDANO BRUNO, DER KETZER

**Der 1548 in Nola bei Neapel geborene Giordano Bruno bricht mit dem theologischen Dogma von der Sonderstellung des Menschen und der Erde. Angeregt durch die Erkenntnisse des Kopernikus, glaubt der Philosoph an ein unendliches Universum mit einer Vielzahl von Welten. Im Jahr 1600 wird er deshalb in Rom als Ketzer auf dem Scheiterhaufen verbrannt.**

Daumenschrauben, Streckbank, Kneifzangen – in aller Regel genügt es, dass die Folterknechte der Inquisition dem Delinquenten ihre Werkzeuge präsentieren, und schon ist der Beschuldigte bereit, alles Denkmögliche zu gestehen, zu widerrufen und abzuschwören. Nur wenige Starrsinnige bleiben standhaft, selbst unter unmenschlichen Folterqualen. Einer dieser standhaften und starrsinnigen ist der Dominikanermönch Giordano Bruno. Schon früh bekommt es der junge Ordensbruder mit der Inquisition zu tun. Als er nach seinem Eintritt in den Orden im Jahr 1566 alle Heiligenbilder und Marienstatuen aus seiner Klosterzelle entfernte, beschuldigte man ihn erstmals der Ketzerei. Die erste Anklage bleibt folgenlos und wird *„angesichts seiner großen Jugend fallengelassen."*[47] Als ihm 1576 abermals eine Anklage

---

[47] Giordano Bruno. Ausgewählt u. vorgestellt von Elisabeth von Samsonow. München 1999. S. 50.

droht, flieht Bruno aus Neapel. Für den freigeistigen Mönch beginnt eine jahrelange Odyssee, die ihn durch halb Europa führt. Doch den Ruf als Ketzer wird er zeit seines Lebens nicht mehr los. Bereits als Novize befasste er sich mit philosophischen und kabbalistischen Schriften. Vor allem aber ein Buch hat es ihm angetan: „Umschwünge der himmlischen Kreise" (1543) von Nikolaus Kopernikus. In diesem ersetzt der Astronom das geozentrische Weltbild durch ein heliozentrisches. Für Kopernikus steht nicht mehr die von Gott erschaffene Welt im Mittelpunkt des Universums, sondern für ihn ist die Erde nur noch einer von vielen Planeten, die um die Sonne kreisen. Zu aberwitzig klingt diese neue Theorie in den Ohren der Zeitgenossen, weshalb sie anfangs kaum Beachtung und Verbreitung findet.[48] Bei Bruno fällt sie hingegen auf fruchtbaren Boden. Für ihn steht fest: So wie Kopernikus die Welt neu verortet, so müssen *„die Daseinsprämissen des Menschen von Grund auf revidiert werden"*[49], wie es Jochen Kirchhoff in moderner Sprache auf den Punkt bringt. Bruno schlussfolgert intuitiv, dass Sterne *„ebenso groß und leuchtend sind wie die Sonne, wenn nicht gar noch größer und*

---

[48] Offensichtlich verkennen die Kirchenvertreter die Tragweite von Kopernikus Entdeckung. Erst im Jahr 1616, also viele Jahre nach Brunos Feuertod, wurden Kopernikus' Schriften auf den Index gesetzt.
[49] Jochen Kirchhoff: Die unheilige Allianz. In: SPIEGEL 7/2000.

*leuchtender".*[50] Dass wir ihr Licht nur so schwach wahrnehmen, liege allein an der großen Entfernung. Auch geht er davon aus, dass um diese Sterne etliche Planeten kreisen, *„viele, ja unzählige Erden... die der unseren gleichen"* und *„dass auf ihnen viele, ja unzählige einfache und zusammengesetzte Einzelwesen leben."*[51] In Brunos phantastischer Kosmologie ist das gesamte Universum potenziell belebt, ist das Weltall unendlich und hat schon immer existiert. Er leugnet damit nicht nur den göttlichen Schöpfungsakt, sondern er stellt zugleich die Einzigartigkeit Jesus Christus als Gottessohn in Frage: Wenn es auf unzähligen Planeten intelligentes Leben geben kann, müsste es dann nicht auch unzählige Jesuskinder und Gekreuzigte geben? Absurd, findet das Bruno, und für ihn ist der irdische Jesus daher nur ein Magier und Betrüger.

Immer wieder begibt sich der Dominikanermönch mit seinen provokanten Schriften wie „Die Vertreibung der triumphierenden Bestie" (1584) in radikale Opposition zur Kirchenlehre. Er leugnet die Trinität Gottes und die Jungfrauenschaft Marias. Auch hält er die Anbetung des Gekreuzigten für einen Götzendienst. Bruno ist jedoch nicht

---

[50] Christian Pinter: Der Fürst der Ketzer. 25.02.2000.
Quelle: www.wienerzeitung.at
[51] Ebd.

nur für seine ketzerischen Schriften berüchtigt, sondern auch für seine Technik des Erinnerns, die er systematisch entwickelt und in seiner Schrift „Ars memoriae" (1582) zusammengefasst hat. Viele Adlige und Gelehrte wollen von ihm in der Gedächtniskunst unterrichtet werden. In den Nachwirren von Reformation und Gegenreformation verschlägt es Bruno über Paris nach London und schließlich ins lutherische Wittenberg. Er lehrt Philosophie, Astronomie und Magie und gilt als feuriger und schwieriger Charakter. Der Hitzkopf verscherzt es sich immer wieder mit seinen Gönnern und ist zum plötzlichen Aufbruch gezwungen. Im Jahr 1591 folgt er einer Einladung nach Venedig, was zu einem Eklat mit weitreichenden Folgen führt. Der nobile Zuane Mocenigo, Spross einer einflussreichen Patrizierfamilie, möchte ebenfalls in die legendäre Gedächtniskunst eingewiesen werden. Auch hier in der Lagunenstadt kommt es schnell zum Streit und zum Zerwürfnis. Bruno verbreitet heftiger als zuvor seine provozierenden Ansichten, behauptet, biblische Wundergeschichten seien *„Scharlatanerie und Humbug"* und er verhöhnt die Mönche: *„Bei Hesekiel (Kapitel 23, Vers 20) steht geschrieben: ›Groß wie Eselsfleisch ist ihr Mannesfleisch und dick wie eine Pferderute ihr Glied‹, darum"*, so lästert er, *„solle man den Mönchen den Unterhalt nicht länger in fetten Pfründen, sondern in Hafer und Heu entrichten."*[52]

Noch bevor Bruno Venedig in Richtung Frankfurt verlassen kann, setzt Zuane Mocenigo ihn kurzerhand fest und verrät ihn Ende Mai 1592 an die Inquisition:

*„Hochwürdiger Pater und hochverehrter Herr,*

*ich, Zuane Mocenigo, Sohn des ehrwürdigen Marco Antonio, zeige Euch, hochwürdiger Pater, aus Gewissenszwang und auf Geheiß meines Beichtvaters hiermit an, dass ich den Giordano Bruno aus Nola bei verschiedenen Gelegenheiten, als er sich bei mir im Haus mit mir unterhielt, habe sagen hören, – es sei ein großer Unfug seitens der Katholiken, zu behaupten, das Brot verwandle sich in Fleisch; – er sei ein Feind der Messe; – er achte keine Religion; – Christus sei ein Betrüger gewesen; – es gebe nicht mehrere unterschiedliche Personen in Gott, das würde eine Unvollkommenheit in Gott sein; – die Welt sei ewig und es gäbe unzählige Welten [...] – Christus habe nur Scheinwunder verrichtet und sei ein Magier [...] – es gebe keine Strafen für Sünden. [...]*

---

[52] Giordano Bruno. Ein Kosmologe stirbt für die Wahrheit. Ohne Angabe eines Verfassers. Quelle: www.scinexx.de

*Zum Schluss küsse ich Eure hoch zu verehrende Väterlichkeit die Hände.*"[53]

Ob Mocenigos Anschuldigungen allesamt stimmen oder nicht, ist wenig relevant, verfügt doch schon jeder einzelne Anklagepunkt über genügend Sprengkraft, um den Urheber als Häretiker zu brandmarken. Umgehend nimmt sich die heilige Inquisition des Falles an. Bruno ist sich zunächst nicht der Tragweite der Denunziation bewusst. In naiver Weise rechnet er sogar mit seiner baldigen Freilassung. Doch die Inquisitoren betreiben unbeeindruckt ihr Handwerk. Schon zwei Tage nach Eingang des Briefes beginnen die Befragungen, und die Inquisitoren gehen Punkt für Punkt den Vorwürfen nach. In den Verhören erläutert Bruno erneut seine kosmologischen Überzeugungen. Am 2. Juni 1592 gibt er zu Protokoll:

*„Ich glaube an ein unendliches Universum. Ich halte es der göttlichen Güte und Macht für unwürdig, wenn sie unzählige Welten erschaffen kann, aber nur eine endlich begrenzte Welt erschafft. Daher habe ich stets behauptet, dass unzählige andere Welten, ähnlich dieser Erde, existieren, welch letztere ich mit*

---

[53] Hans Joachim Ulbrich u. Michael Wolfram: Giordano Bruno: Dominikaner, Ketzer, Gelehrter. Frankfurt 1991. S. 191 f. Hier findet sich auch der vollständige Brief wiedergegeben.

*Pythagoras nur für einen Stern halte, wie die zahllosen anderen Planeten und Gestirne."*[54]

Für die kirchlichen Dogmatiker ist Brunos Verhalten ein gefährlicher Frevel, der die göttliche Ordnung von Menschheit und Universum in Frage stellt. Am 30. Juli 1592 erleidet Bruno einen Zusammenbruch. Daraufhin widerruft er teilweise und leistet Abbitte. Doch die Freude der Inquisition über ihren Erfolg währt nur kurz. Schon Tage später ist Bruno wieder ganz der Alte. Vehementer als zuvor vertritt er seine alten Behauptungen und Theorien. Und das selbst dann noch, als man ihn der Tortur unterzieht, ihm mit Pechfackeln den Unterleib verkohlt und mit Zangen alle Nägel an den Zehen und Fingern zieht.[55] Der Widerspruch zur Kirche ist ihm zur Obsession geworden. Im Februar 1593 wird Bruno dem Heiligen Offizium übergeben. Hier in Rom erfolgt Ende des Jahres das erste Kreuzverhör durch die Kardinäle unter Leitung des berüchtigten Großinquisitors Bellarmin, eben jenen unerbittlichen Inquisitor, der elf Jahre später auch die Anklage gegen Galilei führen wird. Galileo Galilei wird widerrufen, nicht jedoch Giordano Bruno.

---

[54] Ebd.
[55] Ebd.

Dieser bestreitet alle Vorwürfe, gibt sich kämpferisch und verspottet alles, was der Kirche heilig ist.

Ganze sieben Jahre bleibt Bruno in den vatikanischen Verliesen eingekerkert. Die Haftbedingungen sind miserabel. Er leidet an Unterernährung und verliert fast zur Gänze sein Augenlicht. In der Zwischenzeit inspizieren die römischen Theologen Brunos Schriften nach verdächtigen Passagen und werden fündig. In den kommenden Jahren wird der Angeklagte insgesamt zehn Mal verhört, mit Vorwürfen konfrontiert und gefoltert. Auch wenn die vatikanischen Prozessakten verschollen sind, so dürfte die Liste der Anklagepunkte lang gewesen sein. Im Dezember 1599 ordnet Papst Clemens VIII. schließlich an, den Fall ordnungsgemäß zu einem Ende zu führen. Denn das Kirchenoberhaupt hat das Jahr 1600 zum Heiligen Jahr ausgerufen. In Rom werden Heerscharen von Pilgern erwartet. Die öffentliche Hinrichtung eines Ketzers ist eine willkommene Attraktion mit abschreckender Signalwirkung. Und: Hatte man sich nicht jahrelang redlich bemüht, den Abtrünnigen zur Einsicht und Umkehr zu bewegen?

Am 8. Februar 1600 verkündet der Rechtsprokurator in Anwesenheit der Kardinäle das Urteil:

*„Mit diesem Akte veröffentlichen, verkünden, sprechen aus und fällen wir das Urteil gegen Bruder Giordano Bruno und erklären ihn als einen verstockten und hartnäckigen Häretiker."*[56]

Alsdann wird Bruno auf die Knie gezwungen und exkommuniziert:

*„Deshalb entziehen wir dir hiermit alle deine Ämter und Titel [...] Von nun an sollst du ausgestoßen sein aus unserer priesterlichen Gemeinschaft und aus unserer heiligen und unbefleckten Kirche, deren Gnade du nicht mehr würdig bist. Und wir verfügen hiermit und ordnen an, dass du hiermit der Gerichtsbarkeit des hier anwesenden Gouverneurs von Rom übergeben wirst, auf dass die Strafe an dir vollzogen wird, die du verdienst, obgleich wir aufrichtig beten, dass er die Härte des Gesetzes, soweit es dein persönliches Ergehen anbetrifft, abmildern möge, damit du nicht in Gefahr von Leib und Leben geratest."*[57]

Ein bigotter Wunsch, ist doch allen Anwesenden klar, welches unweigerliche Schicksal dem Angeklagten bevorsteht. Ist die Verbrennung doch nur ein kleiner Vorgeschmack auf die ewigen Höllenqualen, die den Sünder nach seinem Tod erwarten. Abschließend werden all seine Schriften als *„ketzerisch und irrig"* verdammt und *„sollen*

---

[56] Ulbrich u. Wolfram, aaO, S. 206.
[57] Ebd.

*öffentlich vernichtet auf den Stufen von St. Peter verbrannt werden."*[58]

Wie reagiert Giordano Bruno auf das Urteil? Davon berichtet der Lutheraner Schoppe, der undercover an der Urteilsverkündigung im Vatikan beiwohnt:

*„Als dies beendet war, hat jener nichts anderes geantwortet als mit drohender Gebärde: ‚Mit größerer Furcht verkündigt ihr vielleicht das Urteil gegen mich, als ich es entgegennehme!'"*[59]

Mit der Folter haben sie Brunos Körper gebrochen, aber nicht seine rebellische Willenskraft. Nach dem Urteilsspruch wird der Abgeurteilte der Weltlichkeit übergeben und in das Gefängnis von Nona gegenüber der Engelsburg verlegt. Am Donnerstag, den 17. Februar 1600, steht seine Hinrichtung bevor. Wie hat Giordano Bruno seine letzten Stunden verbracht? Ein Bericht der Bruderschaft von St. Johannes dem Enthaupteten gibt Auskunft:

*„Um zwei Uhr nachts wurde die Bruderschaft benachrichtigt, dass am nächsten Morgen die Hinrichtung eines armen Dulders stattfinden werde.*

---

[58] Ebd.

[59] Brief des Professors Schoppe an Rittershausen über die Verbrennung Giordano Brunos. In: Giordano Bruno. Ausgewählt und vorgestellt von Elisabeth von Samsonow. München 1999. S. 468.

*Um sechs Uhr abends versammelten sich die Trostspender und der Kaplan in San Orsola und gingen zu dem Gefängnis im Turm von Nona. Dort betraten sie die Kapelle und sprachen die üblichen Gebete für den zum Tode verurteilten Giordano Bruno [...] ein abtrünniger Bruder aus Nola [...] ein verstockter Ketzer.*

*Er wurde von unseren Brüdern in aller Liebe ermahnt [...] Sie zeigten ihm mit großem Eifer und mit großer Gelehrsamkeit seinen Irrtum. Er jedoch beharrte bis zum Ende immer in seiner verdammten Widerspenstigkeit und verdreht sich sein Gehirn und seinen Verstand mit tausend Irrtümern; ja, er ließ nicht nach in seiner Halsstarrigkeit, nicht einmal als er von den Gerichtsdienern abgeführt wurde auf den Campo de' Fiori."*[60]

Kein Wort davon, dass die Gerichtsdiener dem Ketzer eine hölzerne Klammer ins Maul stopfen, um zu verhindern, dass er das Publikum auf den letzten Metern mit seiner blasphemischen Häme überzieht.[61] Die ganze Szenerie am frühen Morgen hat etwas Groteskes an sich, als der mundtot gemachte und von der Folter entstellte Bruno – die Arme ausgerenkt, das Fleisch ausgemergelt und zerschunden – zur Hinrichtung geführt wird. Der Campo de' Fiori platzt aus allen Nähten. Geistliche Würdenträger, Pilger und

---

[60] Ulbrich u. Wolfram, aaO, S. 208.
[61] Vgl. Jacob Nomus: Giordano Bruno, der letzte Ketzer. Blogbeitrag auf www.huffigtonpost.de

Schaulustige – niemand will dieses Spektakel verpassen. Bruno wird entkleidet und an den Brandpfahl gekettet. Dann entzündet der Henker das Reisig. Bis zum bitteren Ende versuchen noch die Brüder mit Gebeten und Gesängen, den hartnäckigen Widerstand des Ketzers zu brechen. Doch vergeblich. *„Als hier dem schon Sterbenden das heilige Kruzifix vorgehalten wurde, wandte er mit verachtender Miene sein Haupt und ist so geröstet elendiglich eingegangen."*[62]

Abschließend wird die Asche in den Tiber gestreut. Am Samstag, den 19. Februar 1600, erscheint in der römischen Zeitung „Avvisi di Roma" folgender Bericht:

*„Der abscheuliche Dominikanerbruder von Nola, über den wir schon früher berichtet haben, wurde am Donnerstagmorgen auf dem Campo dei Fiori bei lebendigem Leibe verbrannt. Er war ein ungemein halsstarriger Ketzer, der aus seiner eigenen Eingebung verschiedene Dogmen gegen unseren Glauben fabrizierte, besonders aber gegen die heilige Jungfrau und andere Heilige. Der Elende war so hartnäckig, dass er gewillt war, dafür zu sterben. Er sagte sogar, dass er gerne und als Märtyrer sterben werde und dass seine Seele in den Flammen zum Paradiese aufsteigen werde. Jetzt wird er wohl wissen, ob der die Wahrheit gesagt hat."*[63]

---

[62] Brief des Professors Schoppe an Rittershausen, aaO.
[63] Ulbrich u. Wolfram, aaO, S. 208.

Erst Ende des 19. Jahrhunderts errichten Freimaurer auf dem Campo de' Fiori zum Gedenken eine Bruno-Statue an eben jener Stelle, an der dieser einst verbrannt wurde. Die Inschrift am Sockel lautet: *A Bruno Il Secolo Da Lui Divinato Qui Dove Il Rogo Arse* - Für Bruno. Das Jahrhundert, das er erahnte. Hier, wo der Scheiterhaufen brannte.

## Alles ist belebt!

Giordano Brunos Schriften konnte man wie ihn selbst verbrennen, jedoch damit nicht ausmerzen. Sie überdauerten die Jahrhunderte und sind ohne Frage bis heute eine Herausforderung. Aber zumindest in einem Punkt scheint sich Brunos phantastische Weltvorstellung nachträglich zu bewahrheiten. So haben Astronomen zu Beginn unseres 21. Jahrhunderts in kurzer Zeit über 5.000 Exoplaneten entdeckt. Und ihre Zahl steigt kontinuierlich. Einige der Exoplaneten kreisen sogar in einer sogenannten habitablen Zone um ihren Stern, also in einer Zone, in der prinzipiell Leben möglich wäre. Ist das Weltall womöglich doch belebter, als wir es uns noch bis vor wenigen Jahrzehnten haben vorstellen können? Kam das Leben durch Kometen auf die Erde? Sind Planeten vergleichbar mit weiblichen Eizellen, die von Kometen gleich einer Samenzelle befruchtet werden?

Nach moderner, naturwissenschaftlicher Erkenntnis ist die Welt durch einen Urknall entstanden. Eine Theorie, die sich aus kirchlicher Sicht wunderbar mit dem christlichen Glauben vereinbaren lässt, lässt diese doch ausreichend Raum für einen Schöpfergott. Anders die Kosmologie

Brunos – sie bleibt sperrig. Sie ist weder mit den Naturwissenschaften noch mit den Glaubensdogmen kompatibel.

Für Giordano Bruno ist das Universum ewig und unendlich. Und wenn es unendlich ist, gibt es kein Zentrum und keine Peripherie. Und auch keinen Platz für einen Himmel und eine Hölle, für einen transzendenten, jenseitigen Gott, der von außen auf die Welt blickt. Da es kein Außen gibt, muss Gott folglich im Universum sein, und zwar in allen Dingen. Und da *„das Göttliche in den Dingen steckt"*, ergibt eine traditionelle Trennung zwischen toter und lebendiger Materie für ihn keinen Sinn. Bruno zufolge gibt es nur *eine* Materie, die alle potenziellen Wirklichkeitsformen bereits in sich vereint. Sowie aus demselben Material Holz mal ein Stuhl, ein Sarg, eine Marienstatue oder eine Geige gezimmert und geschnitzt werden kann, so kann sich diese universelle Materie in den unterschiedlichsten Formen konkretisieren. Lebendiges entsteht in einer Art Automatismus aus der Materie selbst. Leben wird automatisch produziert, da ja alle Materie bereits beseelt ist. Nach dieser Theorie ist also überall im Universum Leben nicht nur denkbar, sondern es wäre geradezu absurd zu glauben, nur ein einziger Planet wäre in diesem gottdurchfluteten All mit Leben erfüllt. *„Wie kein anderer Denker und Kosmologe hat Giordano*

*Bruno den irdischen Provinzialismus aus den Angeln gehoben, der uns den Blick verstellt für die Allgegenwart von Leben und Bewusstsein im unendlichen Raum."*[64]

Bruno vertritt einen positiven Materialismus, der in weiten Teilen auf den Lehren der alten Griechen basiert, insbesondere auf denen der Atomisten wie Pythagoras und Empedokles. In seiner Abhandlung „De la causa, principio et uno" (1584) konkretisiert Bruno seine philosophische Ontologie:

*„Jede Erzeugung, von welcher Art sie auch sei, ist eine Veränderung, während die Substanz immer dieselbe bleibt, weil es nur eine gibt, ein göttliches, unsterbliches Wesen. Das hat Pythagoras wohl einzusehen vermocht, welcher den Tod nicht fürchtet, sondern nur eine Verwandlung erwartet; alle die Philosophen haben es einzusehen vermocht, die man gewöhnlich Naturphilosophen nennt, und welche lehren, dass nichts seiner Substanz nach entstehe oder vergehe: es sei denn, dass wir auf diese Weise die Veränderung bezeichnen wollen. Das hat Salomo eingesehen, welcher lehrt, dass es nichts Neues unter der Sonne gebe, sondern das, was ist, schon vorher war. Da seht ihr also, wie alle Dinge im Universum sind und das Universum in allen Dingen ist, wir in ihm, es in uns, und so alles in eine vollkommene Einheit einmündet. Da*

---

[64] Kirchhoff, aaO.

*seht ihr, wie wir uns nicht den Geist abquälen, wie wir um keines Dinges willen verzagen sollten. Denn diese Einheit ist einzig und stätig und dauert immer; dieses eine ist ewig."*[65]

Auch für Empedokles gibt es keinen Tod, sondern nur eine Trennung von Gemischten. Jedes Vergehen ist zugleich ein Entstehen in anderer Form. *„Der Tod hat demzufolge nichts Tragisches mehr"*, resümiert der französische Moralphilosoph Vladimir Jankélévitch. *„So also wird der Tod zu etwas Zweitrangigem, wird auf die Größe eines anekdotischen Zwischenfalls verkleinert, wird zu einer unbedeutenden Regionalnachricht inmitten der Unermesslichkeit des Lebens."*[66]

Der Tod wird reduziert auf ein unbedeutendes, individuelles Ereignis. Das Leben hingegen währt wie das Universum ewig. Doch wie ist es um das Individuum bestellt? Bruno gesteht dem Menschen eine Seele zu, die ebenfalls ewig existiert. Er spricht in diesem Sinne auch von einer Seelenwanderung:

*„Die Seelen seien von der Natur geschaffen und wanderten von einem Lebewesen zum anderen."*[67]

---

[65] Giordano Bruno: Von der Ursache, dem Prinzip und dem Einen. Leipzig 1902. Quelle: www.zeno.org/nid/20009159401
[66] Vladimir Jankélévitch: Der Tod. Frankfurt 2017. [= stw 2240] S. 468-469.
[67] So lautet ein weiterer Vorwurf im Denunziationsbrief des Zuane Mocingos. Zit. nach Ulbrich und Wolfram, aaO, S. 192.

Letztendlich sind wir Menschen nichts anderes als göttlich beseelter Sternenstaub. An seinem Ende, am Brandpfahl gekettet, hatte der Ketzer Giordano Bruno also keine jenseitige Hölle zu fürchten. Die irdische Hölle hatte er hinter sich. Ob ihm sein Glauben an einen ewigen Kosmos und eine ewige Fortexistenz Trost gespendet hat, bleibt zu wünschen. Ob es sich gelohnt hat, für eine solche Überzeugung in den Tod zu gehen, bleibt offen.

# ÉMILIE DU CHÂTELET, DIE AUFKLÄRERIN

**„Madame Pompon Newton" war eine der ersten weiblichen Philosophinnen im modernen Sinne und eine der prägenden Figuren der Frühaufklärung. Die Physikerin und Philosophin korrespondierte mit Leibniz, übersetzte die Schriften von Isaac Newton ins Französische und war die langjährige Geliebte und intellektuelle Partnerin von Voltaire. Geboren wurde sie am 17.12.1706 in Paris und gestorben ist sie im Kindbett am 10.09.1749 in Lunéville.**

*„Un grand homme qui n'avait de défaut que d'être femme"* [68], urteilte posthum Voltaire über seine „devine Émilie", seine verstorbene Geliebte und intellektuelle Partnerin auf Augenhöhe: *„Ein bedeutender Mann, der nur den einen Fehler besaß, eine Frau zu sein"*. Émilie du Châtelet ist unumstritten eine brillante Denkerin der Frühaufklärung. In adligen Verhältnissen aufgewachsen, genoss sie eine umfassende Bildung. Ansonsten ist sie ganz ein Kind ihrer absolutistischen Zeit. Sie liebt Theater, Bälle, Luxus und vor allem Schmuck. Auf den Festen des Sonnenkönigs Louis XIV. in Versailles trägt die 16-jährige Émilie du Châtelet zahlreiche Diamanten zur Schau. Das höfische Leben im Absolutismus ist eine Epoche geprägt von Eitelkeiten. Mit 18 Jahren heiratet sie

---

[68] Quelle: http://editions.bnf.fr/madame-du-châtelet-la-femme-des-lumières

standesgemäß den 30-jährigen Marquis Florent Claude du Chastelle[69], mit dem sie zwei Kinder zeugt. Doch Hochzeiten sind in jener Zeit pragmatische Arrangements des Adels. Das private Liebesglück lebt man am Hof mehr oder weniger diskret aus. Auch Émilie du Châtelet hat im Lauf ihres Lebens zahlreiche Liebschaften und Affären. Mit zweiundzwanzig Jahren verliebt sie sich unsterblich in den Grafen von Guébraint, einen jungen Offizier der königlichen Marine. Da dieser ihre Liebe nicht erwidert, fasst die Verschmähte einen teuflischen Plan. Sie will sich umbringen und dem Offizier die Schuld an ihrem Tod in die Schuhe schieben. Bei einem Rendezvous fordert Châtelet diesen auf, ihr eine Tasse Tee zu servieren. Langsam trinkt sie den zuvor mit Opium versetzten Trank und überreicht dem Offizier einen Brief. Die unglaubliche Anschuldigung darin lautet: *„Ich sterbe vergiftet durch Ihre Hand."*[70] In allerletzter Minute kann der Unglücklichen ein Heilmittel verabreicht werden, und sie überlebt.

Keine Frage, in der Persönlichkeit von Émilie du Châtelet trifft Intellekt auf Leidenschaft. Da Frauen der Zugang zu intellektuellen Kreisen verwehrt ist, verkleidet sie sich 1732

---

[69] Die Schreibweise Châtelet geht auf Voltaire zurück.
[70] Pascale Debert: Émilie du Châtelet. Philosophe des Lumières. Paris 2018. S. 20.

kurzerhand als Mann, um so getarnt an einem philosophischen Salon teilnehmen zu können. Im darauffolgenden Jahr kommt es bei einem Abendessen zur schicksalhaften Begegnung mit Voltaire. Es ist der Beginn einer Liebesgeschichte, die bis zu ihrem Tod währen wird. Der zwölf Jahre ältere Philosoph und Schriftsteller ist der Glamourstar des Adels. Berühmt für seine Ironie und seinen sarkastischen Witz, gilt er als „der" Entertainer des 18. Jahrhunderts. Außerdem hat er mit Spekulationen bei der Staatslotterie ein beträchtliches Vermögen gemacht. Doch seine scharfe Zunge bringt ihn immer wieder in Konflikt mit der Zensur. Als ein Jahr später seine „Philosophischen Briefe" verboten und gegen ihn ein Haftbefehl erlassen wird, findet er Zuflucht im Anwesen der Châtelet. Das in der Champagne gelegene Château de Cirey wird fortan zum Rückzugsort für Voltaire und Émilie. Da Émilies Gatte beim Militär dient, ist er so gut wie nie zu Hause. Und wenn er doch einmal da ist, schaut er nachsichtig über das außereheliche Verhältnis hinweg. Voltaire und Émilie haben freie Hand und gestalten das Anwesen nach ihren Wünschen. Physikalische Apparaturen wie Teleskope, Mikroskope und Barometer werden angeschafft. Auch ein kleines Theater wird errichtet. In diesem Refugium inszenieren Voltaire und Émilie Theaterszenen und debattierten intellektuelle Fragen der Zeit. Die aufregendsten neuen

Gedanken in jener Epoche kommen aus England. In ganz Europa grassiert eine Newton-Manie. Isaac Newton ist *der* Superstar. Seine physikalische Beschreibung der Natur elektrisiert das Publikum, und das physikalische Experiment mutiert zum probaten Werkzeug des Erkenntnisgewinns. Mit Newton beginnt der Siegeszug der Naturwissenschaften. Im Jahr 1773 lobt die Akademie der Wissenschaften einen Wettbewerb zu Newtons These zur Natur des Feuers aus. Die Teilnahme ist anonym, und Châtelet ergreift ihre Chance. Sie gewinnt den Wettbewerb, und es ist die erste Dissertation einer Frau, die von der Akademie akzeptiert und veröffentlicht wird. Newtons Schriften begleiten Émilie du Châtelet ihr Leben lang. Sie verfasst zahlreiche Kommentare und übersetzt Newtons Standardwerk „Philosophae Naturalis Principa Mathematica" erstmals ins Französische. Selbstbewusst betritt diese Pionierin des Feminismus die Männerwelt, die Frauen in jener Zeit eigentlich verwehrt ist. Sie korrespondiert mit den Mitgliedern der Akademie und den Geistesgrößen ihrer Zeit. Doch auch in philosophischen Fragen ist sie umtriebig und beteiligt sich an den unterschiedlichsten Debatten. Eine ihrer Schriften widmet sich der Frage nach dem Glück („Discours sur le bonheur").

Émilie du Châtelet pflegt und verteidigt einen hedonis-
tischen Lebensstil. Sie will nicht nur frei sein im Denken,
sondern auch frei von den moralischen Zwängen ihrer Zeit.
Voltaire, der um ihre Leidenschaft für Schmuck und Klunker
weiß, bringt es so auf den Punkt:

*„Ihr Geist ist sehr philosophisch, ihr Herz hingegen liebt den*
*Pomp.“*[72]

Seit 1747 sind Émilie du Châtelet und Voltaire häufig zu
Gast in Lunéville, einem Anwesen des polnischen Königs
Stanislaus I. In dieser Zeit unterhält Émilie auch eine letzte
Liebesaffäre mit dem wesentlich jüngeren Offizier und
Poeten François de Saint-Lambert. Was nicht ohne Folgen
bleiben soll: Die 42-Jährige wird ein letztes Mal schwanger.
In der Nacht vom 3. auf den 4. September 1748 – Émilie
schreibt gerade am Schreibtisch an ihrem Werk über Newton

---

[73] Marcelo Wesfreid: Émilie du Châtelet, la lumière de Voltaire. In: lexpress.fr
vom 18.10.2012
[72] „Son esprit est trés philosophe. Et son cœur aime les pompons.“
Quelle: www.france-pittoresque.com/spip.php?article6243

– kommt es zur Sturzgeburt. Umgehend sendet Voltaire dem Geistlichen Abbé Voisenon folgende Nachricht:

*„Madame du Châtelet saß in dieser Nacht wie gewohnt fleißig an ihrem Sekretär und sagte: Ich spüre etwas! Dieses Etwas war ein kleines Mädchen, das sogleich zur Welt kam. Man legte es auf ein Geometriebuch und die Mutter ging zu Bett schlafen.“*[73]

Vier Tage später erleidet Émilie einen Schwächeanfall. Trotz Einwände der Krankenwärterin besteht sie auf einem Eisgetränk. Anschließend glüht ihr Kopf und ihre Glieder werden taub. Der herbeigeeilte königliche Leibarzt zeigt sich besorgt und will Kollegen aus Nancy hinzuziehen. Nach zwei Tagen der Übelkeit erholt sich Émilie du Châtelet zunächst wieder. Da sie ruhig und sanft schläft, verlässt Voltaire am 10. September kurzzeitig die Kranke, um bei einer befreundeten Marquise zu Abend zu essen. Saint-Lambert, der Vater des Kindes, und eine Gesellschaftsdame wachen derweil am Krankenlager. Am Abend beginnt Émilie zu röcheln. Die beiden richten sie auf und lassen sie Salze einatmen. Dann sackt Émilie zusammen – es ist ihr letztes Lebenszeichen.

---

[73] Ebd.

Wenig später wird der Leichnam in der Kapelle aufge-
bahrt und unter großer Anteilnahme zu Grabe getragen.
Anschließend kehrt der zutiefst erschütterte Voltaire zurück
nach Cirey und klagt in einem Brief an einen Freund:

*„Ich habe nicht eine Geliebte verloren, sondern meine eigene Hälfte, eine Seele, für die meine Seele geschaffen war."*[74]

---

[74] Ebd.

# Die göttliche Physik

Existiert Gott? Da sich die Frage einer rationalen Beantwortung entzieht, spricht der französische Mathematiker und Philosoph Blaise Pascal in seinen „Pensées" (1669) von einer Wette. Für ihn ist es die bessere Wette, an die Existenz Gottes zu glauben. Denn wenn es ihn tatsächlich gibt, gewinnt man am Ende den Jackpot. Statt ewiger Höllenqualen erwarten den Gläubigen paradiesische Freuden. Gibt es hingegen keinen Gott, hat der Mensch mit der Wette wenig verloren. Voltaire kritisiert ein Jahrhundert später in seinen „Philosophischen Briefen" die pascalsche Wette als *„etwas unanständig und knabenhaft; diese Vorstellung von Spiel, von Verlust und Gewinn, passt gar nicht zu der Wichtigkeit des Gegenstandes (…) Das Interesse, das ich daran habe, etwas zu glauben, ist kein Beweis für die Existenz desselben. Wenn Ihr mich überzeugen wollt, müsst Ihr es auf andere Weise versuchen, nicht indem Ihr bald von Glücksspiel sprecht."* [75]

Émilie du Châtelet wird diese Auffassung geteilt haben. Im Zeitalter der Aufklärung erscheinen zahlreiche religionskritische Schriften, die meist nur in geheimen Drucken im

---

[75] Denis Moreau: Blaise Pascals Wette auf Gott. In: Philosophie Magazin. 15.08.2014.

Untergrund kursierten. Zu diesen sogenannten klandestinen Schriften zählen auch einige Werke von Émilie du Châtelet. Gemeinsam mit Voltaire liest sie jeden Morgen ein Kapitel aus der Bibel. Unter dem kritischen Blick einer Naturwissenschaftlerin haben Schöpfungs- und Wundergeschichten kaum Bestand. In ihren Studien zur Bibel („Examens sur la Bible") rechnet sie mit den biblischen Wahrheiten ab – oft mit scharfer Ironie gewürzt. In ihren 1792 posthum erschienenen „Doutes sur les religions révélées" äußert sie ihre grundsätzlichen Zweifel an den Offenbarungsreligionen. Zu Beginn stellt sie klar:

*„In Bezug auf die Religion muss man wie in allen anderen Bereichen vernünftig argumentieren. Und warum sollte die Vernunft nicht zulässig sein? Wenn die Religion wahr ist, wird die Vernunft mich nur in meinem Glauben bestätigen. Wenn sie falsch ist, welches Glück, daraus zu entfliehen und den Irrtum zu erkennen."*[76]

Und die Irrtümer sind in ihren Augen zahlreich. Zu Beginn treibt sie die Frage nach Gut und Böse um und führt ein Beispiel an:

---

[76] Doutes sur les religions révélées, adressées à Voltaire, par Émilie du Châtelet. Paris 1792. S. 4. [nachfolgend: Doutes]

*„Eine Viper beißt einen Mann; sie tut weder Gutes noch Schlechtes in Bezug auf Gott, und Gott bestraft oder belohnt sie nicht. Ein Dieb stiehlt von seinem Nachbarn. Er tut weder Gutes noch Böses in Bezug auf Gott, er schadet der Gesellschaft, die Gesellschaft bestraft ihn, mehr gibt es nichts zu sagen.“*[77]

Gut und böse sind keine göttlichen Attribute, sondern beruhen auf gesellschaftlichen Konventionen. Es ist die Gesellschaft, die eine moralische Ordnung etabliert und Verstöße sanktioniert. Zudem stellt die christliche Religion eine ernsthafte Bedrohung für wissenschaftlichen und gesellschaftlichen Fortschritt dar.

*„Sie [d.i. die christliche Religion] vernichtet die Wissenschaften, die Künste, den Wettbewerb und die Entdeckungen. Indem sie die Jungfräulichkeit als einen makelloseren Zustand als die Ehe bestimmt, zerstört sie die Spezies. Indem sie die Scheidung von Verheirateten abschafft, gebiert sie Hass, Unmut, Prozesse und Ehebruch.“*[78]

Die christlichen Ideale stehen nicht nur quer zum biologischen Interesse der Arterhaltung, sondern verhindern zugleich auch die Entfaltung des persönlichen Lebensglücks. Der Mensch sucht Wohlgefallen, da dies seiner Natur

---

[77] Doutes, S. 8.
[78] Doutes, S. 11.

entspricht. Die Welt wird ausschließlich sinnlich erfahren. In diesem Sinne teilt Châtelet die Vorstellung der englischen Empiristen, dass Erkenntnis allein auf Sinneserfahrung beruht. Deshalb meidet der Mensch den Schmerz und sucht Freuden zu steigern.

*„Der Mensch liebt es, angenehm bewegt zu werden, weil das seine Natur ist, und nicht, weil er gesündigt hat. Wie hätte Adam den Apfel genießen können, wenn es nicht seine Natur gewesen wäre, dass er ihn gerne gegessen hätte?"*[79]

An einen christlichen Gott, der Böses zulässt, will Émilie du Châtelet ebenso wenig glauben wie an die Erbsünde oder eine Weiterexistenz der Seele in einem Paradies oder in einer Hölle. Aber was passiert dann, wenn ein Mensch stirbt?

*„Der Tod ist das Gegenteil eines Übels, der Tod ist eine notwendige und unumgängliche Ordnung [...] Der Tod ist eine unerlässliche Folge der Natur. Wenn die Menschen leben und nicht sterben würden, würde die Erde dann ausreichen, um sie alle aufzunehmen? [...] Der Mensch ist also wesentlich sterblich, weil seine Seele wesentlich unsterblich ist. Also ist der Tod nicht durch die Sünde in die Welt gekommen."*[80]

---

[79] Doutes, S. 70.
[80] Doutes, S. 69.

Die Sterblichkeit des Menschen ist keine Folge der Erbsünde, sondern ein natürlicher Vorgang. Dennoch hält Châtelet an einem Leib-Seele-Dualismus fest. Der Leib vergeht, die Seele hingegen ist unsterblich. Sie bezeichnet sich selbst als Deistin. Sie glaubt an einen vernünftigen Schöpfergott, der die Welt erschaffen hat, anschließend aber nicht mehr in diese eingreift. Es sind die ewig geltenden physikalischen Gesetze, die die göttliche Vernunft offenbaren.

*„Tatsächlich benötigte sie zwingend einen Gott, um die grundsätzlichen Prinzipien der Physik zu begründen. Nicht einen Gott, der zum Herzen der Menschen spricht, sondern einen universellen, geometrischen und rationalen Gott, auf den sie ihre Gleichungen gründen konnte."*[81]

Im Zeitalter der Aufklärung sind die Naturforscher die neuen Theologen. Denn sie entdecken die vernünftigen, göttlichen Prinzipien, nach denen diese Natur gebaut ist. Dennoch kann sich Châtelet nicht vollständig von den tradierten Glaubenskonventionen lösen, wie ihre Vorstellung einer ewigen Seele zeigt. Doch ohne eine Körperlichkeit, die Erkenntnis und Erfahrung erst ermöglicht, bleibt die Seele eine nebulöse Monade ohne Bezug zur Sinnlichkeit. Und

---

[81] Élisabeth Badinter: Émilie, Émilie ou l'ambition fémine au XVIIe siècle. Paris 1983. S. 22.

Sinnlichkeit ist für „Madame Pompom Newton", wie Voltaire sie nennt, der zentrale Antrieb und Sinn der Existenz:

*„Wir haben in dieser Welt nichts anderes zu tun, als uns angenehme Empfindungen zu verschaffen."*[82]

Émilie du Châtelet ist eine Hedonistin, die das Leben in vollen Zügen genießen will. Im persönlichen Glück liegt der Lebenszweck. Doch eine Ungerechtigkeit des Lebens ist sie nicht gewillt zu tolerieren:

*„Wenn ich König wäre, würde ich einen Missbrauch abschaffen, der die Hälfte der Menschheit zurücksetzt. Ich würde Frauen an allen Menschenrechten teilhaben lassen, insbesondere den geistigen."*[83]

Ein Wunsch nach völliger Gleichberechtigung der Geschlechter, der bis heute in weiten Teilen der Welt noch auf Erfüllung wartet.

---

[82] Quelle: www.france-pittoresque.com/spip.php?article6243
[83] Quelle: www.sophie-lexikonderphilosophinnen.de/html/chatelet.html

# MARQUIS DE SADE, DER LIBERTIN

**Mit seiner verruchten Lebensweise und seinen pornographischen Schriften wie „Justine" (1791) und „Die Philosophie im Boudoir" (1796) produzierte er Skandal um Skandal. Der Marquis, der alles dem Primat der Lust unterordnete, verbrachte ganze 27 Jahre seines Lebens hinter Gittern. Posthum wurde er zum Namensgeber von Gewalt geprägten Sexualpraktiken, dem Sadismus. Die letzten Lebensjahre verbrachte er im Pariser Irrenhaus Charenton, wo er 1814 im Alter von 74 Jahren verstarb.**

Anfang Juli 1789 gleicht Paris einem Pulverfass. Einem langjährigen Häftling der Bastille ist die revolutionäre Stimmung, die draußen auf den Straßen herrscht, nicht entgangen. Der fast 50-jährige Marquis nutzt die Gunst der Stunde zur Agitation. Am 3. Juli berichtet Bastille-Gouverneur Launy: *„Sade hat sich gestern an sein Fenster gestellt und aus Leibeskräften geschrien; und wurde gehört von der ganzen Umgebung und den Passanten, dass man die Gefangenen der Bastille erwürge, ermorde und dass man ihnen zur Hilfe eilen müsse. Heute wiederholte er seine Schreie und lauten Anklagen. In solchen Zeiten ist dieser Mann sehr gefährlich."*[84]

---

[84] Stefan Zweifel und Michael Pfister: Sade zwischen Justine und Juliette. In: Sade. Stationen einer Rezeption. Hg. von Ursula Pia Jauch. Berlin 2014. S. 331.

Wenige Tage vor dem Sturm auf die Bastille am 14. Juli 1789 wurde der Aufrührer Sade bereits in die Irrenanstalt Charenton verlegt. Während Launys Kopf auf einer Lanze aufgespießt durch Paris getragen wird, weint Sade *„blutige Tränen.“*[85] Bitterlich beklagt er den Verlust etlicher Schriften, die er während der Haft verfasst hatte und zurücklassen musste. Nun befürchtet er, dass diese im Kampfgeschehen auf immer zerstört worden sind.[86] Ob Sade mit seinem subversiven Lügengeschrei tatsächlich die Französische Revolution mit auslöste, sei dahingestellt. Persönlich hat sich seine Agitation jedenfalls ausgezahlt. Im darauffolgenden Jahr kommt es zu einer Aufhebung aller königlichen Verurteilungen, und er auf freien Fuß.

Seine mehrjährige Haft in der Bastille ist nicht sein erster Gefängnisaufenthalt und wird auch nicht sein letzter gewesen sein. Zu skandalträchtig ist bereits die Vita des adeligen Marquis. Alles begann am Ostermontag im Jahr 1768 mit der Affäre Rose Keller. Der Marquis lockt die mittellose 36-jährige Witwe unter dem Vorwand, ihr eine Anstellung zu

---

[85] Quelle: fr.wikipedia.org/wiki/Donatien_Alphonse_François_de_Sade
[86] Sein Werk „Die 120 Tage von Sodom“, das Sade im Jahr 1885 in der Bastille verfasste, wurde Ende Juli 1789 geborgen und überstand wie ein Wunder die Wirren der Revolution. Erst im Jahr 1904 tauchten die Schriftrollen wieder in der Öffentlichkeit auf und wurden in den 1930er Jahren posthum publiziert.

verschaffen, auf sein Landgut. Dort fesselt er sie nackt ans Bett, peitscht sie mit einem Prügel und verletzt sie mit einem Messer. Anschließend gießt er heißes Wachs in die Wunden.[87] Tags darauf gelingt Rose die Flucht. An zusammen geknoteten Gardinen seilt sie sich aus dem Fenster ab und alarmiert das ganze Dorf. Es kommt zum Prozess, in dem Sade zu sechs Monaten Arrest verurteilt wird.

Noch größere Wellen schlägt der Skandal von Marseille im Jahr 1772. Der Marquis veranstaltet eine „Soirée de Cythère", einen Gang-Bang, wie man heute sagen würde, mit gleich fünf Mätressen. Um die Lust der Gespielinnen anzustacheln, verabreicht er ihnen Schokoladenbonbons, die mit dem Alkaloid Kantharidin vermischt sind. Hat dieses Aphrodisiakum gewirkt, und kam es zu dieser hemmungslosen Orgie, an deren Ende sich der Marquis auch noch von seinem Diener lustvoll penetrieren ließ? In jedem Fall fühlen sich einige Damen nach der Einnahme des Mittels äußerst unwohl und wähnen sich vergiftet. Sie erstatten Anzeige, und Sade wird wegen Giftmordes (obgleich niemand gestorben war) und Sodomie zum Tode verurteilt. Sade flieht nach Italien und entgeht so seiner Hinrichtung. Auf seiner Flucht

---

[87] Sade behauptet im Prozess hingegen, er habe eine Wundsalbe aufgetragen. Es ist durchaus möglich, dass die eigentlichen Ereignisse bereits damals ins Monströse gesteigert wurden.

wird er von Anne-Prospère begleitet, einer Klosterschülerin und pikanterweise zugleich die jüngere Schwester seiner Gattin. Er erzieht sie zur Gefährtin seiner grausamen Lust und überredet sie zur Prostitution. Damit macht er sich seine mächtige Schwiegermutter, die einflussreiche Madame de Montreuil, zum Intimfeind. Nach Sades Rückkehr 1774 nach Paris erwirkt sie einen „lettre de cachet", einen königlichen Haftbefehl. Ohne Prozess und Urteil wird Sade festgesetzt. Im Jahr 1783 schreibt er aus der Bastille an seine Gattin Renée:

*„Was meine Laster anbelangt: herrschsüchtig, aufbrausend, launisch, extrem in Allem, mit überbordender Phantasie in Bezug auf die Sitten, die im Leben ihrer gleichen sucht, fanatischer Atheist, kurz – so bin ich [...] Töten Sie mich oder nehmen Sie mich, wie ich bin; denn ich werde mich niemals ändern."*[88]

Als er im Juli 1789 aus der Bastille ins Irrenasyl von Charenton verlegt wird, reicht seine Gattin die Scheidung ein und geht ins Kloster.

Nach seiner Freilassung im Jahr 1790 spielt Sade in der ersten Republik nur eine untergeordnete Rolle. Ein Jahr später veröffentlicht er seinen Roman „Justine – Das

---

[88] Quelle: fr.wikipedia.org/wiki/Donatien_Alphonse_François_de_Sade

Missgeschick der Tugend", der prompt zum Bestseller avanciert und in etlichen Raubdrucken kursiert. Obgleich anonym publiziert, wird schnell Sades Name mit diesem Skandalwerk in Verbindung gebracht. Zeitgenossen empören vor allem die blasphemischen Inhalte, wenn einmal mehr detailversessen beschrieben wird, wie eine Nonne brutal vergewaltigt und ein Messkelch mit Ficksaft gefüllt wird. Danton soll das Werk vor seinen Reden vor dem Konvent gelesen haben, um sich aufzuputschen. Für den Tugendterroristen Robespierre hingegen sind die atheistischen Strömungen ein Dorn im Auge. In einer Rede vor dem Club der Jakobiner wettert er: *„Ja, all diese falschen Männer sind Kriminelle, und wir werden sie bestrafen trotz ihres offensichtlichen Patriotismus."*[89]

Im Jahr 1794 wird Sade gemeinsam mit 26 weiteren Personen abermals zum Tode verurteilt. Beim morgendlichen Appell fehlen jedoch fünf Personen, darunter der Marquis. Die Kutschen fahren ohne sie zur Hinrichtung. Wenig später wird Robespierre gestürzt, und Sade kann seinen Kopf behalten. Anschließend zieht er sich aus dem politischen Leben zurück und publiziert weiterhin seine obszönen Schriften. Im Jahr 1799 erscheinen „Die neue Justine" und „Die

---

[89] Ebd.

Geschichte der Julie, ihrer Schwester". Die Gazette „L'ami des Lois" vom 29.8.1799 zeigt sich entsetzt:

*„Allein der Name des infamen Schriftstellers versprüht einen Leichengeruch, der die Tugend tötet und den Horror befeuert [...] Das verdorbenste aller Herzen, der erniedrigendste Geist, die bizarrste, obszönste Vorstellungskraft bringt nichts anderes hervor, als eine gleichzeitige Beleidigung des Verstandes, des Schamgefühls und der Menschlichkeit."*[90]

Trotz heftiger Anfeindungen verkaufen sich die Werke glänzend und sichern dem ständig klammen Marquis ein Auskommen. Als Napoleon Bonaparte im Jahr 1801 mit dem Papst über eine Wiedereröffnung der Kathedrale Notre-Dame verhandelt, stören atheistische Freidenker wie Sade die Verhandlungen. Am 6. März 1801 wird er ohne Angabe von Gründen erneut in Charenton festgesetzt. Im Irrenasyl genießt der prominente Insasse eine Reihe von Privilegien. Er verfügt über eine eigene Bibliothek und kann frei im Park am Ufer der Marne spazieren gehen. Sogar seine Geliebte Marie-Constance Quesnet, eine junge Schauspielerin, darf sich nebenan einquartieren. Derweil bleiben die Behörden misstrauisch. Immer wieder kommt es zu Razzien, bei denen seine Schriften beschlagnahmt werden. So geschehen 1807

---

[90] Ebd.

mit „Les Journées de Florbelle" - *„zehn Bände voller Gräuel, Blasphemien und Ruchlosigkeiten, die selbst den Horror der Justine und Juliette noch übersteigern."*[91]

In Charenton versteht sich Sade bestens mit Abbé de Coulmier, dem Leiter der Anstalt. Jener erlaubt ihm nicht nur, mit den Insassen Bühnenstücke und Singspiele einzuüben und aufzuführen, sondern errichtet sogar extra einen Theatersaal mit Platz für mehr als 200 Zuschauer. Denn Coulmier sieht im Schauspiel erhebliches therapeutisches Potenzial für seine Patienten. Doch Bühnenstücke, inszeniert vom verruchten Sade, aufgeführt von Irren – das ist ein Spektakel, das sich in Paris niemand entgehen lassen will. Die Zuschauer strömen in Scharen zu den Aufführungen. Der leitende Arzt Collard liegt mit Coulmier über Kreuz. Anders als dieser sieht er in den Theateraufführungen eine Gefahr für die Insassen, insbesondere aufgrund des negativen moralischen Einflusses, den Sade ausübt. Im Jahr 1808 richtet er daher einen Brandbrief an den zuständigen Minister. Die Antwort erfolgt jedoch erst im Mai 1813:

*„Ich glaube, nach der Beschwerde, die ich erhalten habe, dass die Bälle und Veranstaltungen, die in Charenton zur Zerstreuung der Kranken stattfinden, für diese eher einen schädlichen denn*

---

[91] Ebd.

*nützlichen Einfluss ausüben, da sie ihre Sinne erregen und den Geist erhitzen, und es erscheint mir daher angemessen, diese Ausübungen vorübergehend einzustellen."*

Inzwischen sieht auch der Minister Sade im Stadium gefährlichster Verrücktheit und ordnet an:

*„[Sade] sei in einem vollkommen isolierten Raum unterzubringen, so dass jede Kommunikation mit ihm unterbunden werde, ganz gleich unter welchem Vorwand. Man habe sich mit größter Sorgfalt darum zu kümmern, dass ihm die Benutzung von Stiften, Tinte, Federn und Papier verwehrt wird."*[92]

Sade ist nicht verrückt, aber sein Gesundheitszustand verschlechtert sich zusehend. Im letzten Lebensjahr unterhält er noch eine Affäre mit der jungen Tochter einer Anstaltsangestellten und führt beflissentlich sein Masturbations-Tagebuch. Fettleibig und krank verstirbt der Marquis am 12. Dezember 1814 an einem Lungenödem. Im Bericht von Dr. Ramon heißt es:

*„Der Tod trat rasch ein, am Beginn eines brandigen Fiebers. Da Herr Armand de Sade, sein Sohn, zugegen war, ist es, so denke ich, nicht nötig, nach den Vorschriften des bürgerlichen Gesetzes*

---

[92] So der Polizeiminister Montavilet in einem Brief an den Anstaltsleiter Coulmier im Mai 1813. Quelle: https://lostincharenton.wordpress.com/2014/04/21/quand-le-marquis-de-sade-faisait-danser-charenton/

*die Siegel anzulegen. Ich nehme bei der Ehrenhaftigkeit des Sohnes an, dass er von selbst gefährliche Papiere unterdrücken wird, falls sie sich bei seinem Vater fanden."*[93]

In seinem Testament, das Sade zwei Jahre zuvor niedergeschrieben hat, verfügt er:

*„Ich verbiete, dass mein Leichnam, unter welchem Vorwand auch immer, geöffnet werde. Ich wünsche mit allem Nachdruck, dass man ihn achtundvierzig Stunden lang in meinem Sterbezimmer belasse, in einem Holzsarg, der nicht vor Ablauf der erwähnten achtundvierzig Stunden zugenagelt werden soll; ist die Frist verstrichen, soll man den Sarg gut zunageln."*[94]

Anschließend soll der Leichnam nach Malmaison überführt werden und dort im Wald zwischen den Bäumen beigesetzt werden.

*„Sobald das Grab zugeschaufelt ist, sollen Eicheln darüber gesät werden, damit das Gehölz wieder so dicht sei wie vordem und die Spur meiner Grabstätte von der Erdoberfläche verschwinde, wie auch hoffentlich mein Andenken in der Erinnerung der Menschen erlöschen wird."*[95]

---

[93] Otto Flake: Marquis de Sade. München 1966. S. 122.
[94] Guillaume Apollinaire: Der göttliche Marquis. 1909. In: Sade. Stationen einer Rezeption. aaO, S. 131. Hier ist auch das vollständige Testament nachzulesen.
[95] Ebd.

Doch aus alldem wird nichts. Nach seinem Tod wird der Leichnam von Dr. Ramon obduziert und anschließend auf dem Anstaltsfriedhof beigesetzt. Zwei Jahre später wird das Grab heimlich geöffnet und der Schädel entwendet. Der Deutsche Johann Spurzheim steckt dahinter, ein Schüler von Franz Joseph Gall, dem berühmten Schädelforscher und Begründer der Phrenologie. Lässt sich tatsächlich aus der Form des Schädels auf den Charakter eines Menschen schließen? Das behaupten zumindest die Phrenologen. Daher geht Schädel zu Forschungszwecken auf Reisen und wird auf Konferenzen in Amerika und Deutschland präsentiert.[96] Nach Spurzheims Tod bleibt er verschwunden. Ein Abguss von Sades Schädel ist überliefert und kann noch heute im Pariser „Musée de l'Homme" besichtigt werden.

---

[96] Vgl. http://marquis-de-sade.com/2013-06-13-le-sixieme-crane-connu/

## Die absolute Negation

Sade penetriert. Er penetriert seine Leser mit jeder Zeile. Frei nach Descartes: ‚Ich ficke, also bin ich'. Keine sexuelle Praktik, keine Gewaltphantasie, die er nicht in allen Varianten bis zur Schmerzgrenze durchdekliniert: Gruppensex, Blasphemie, Skatophilie, Homosexualität, Zoophilie, Kannibalismus, Inzest, Nekrophilie, Lustmord. *„Die Laster darf man nicht unterdrücken, da sie das einzige Glück unseres Lebens sind"*[97], legt Sade einem Protagonisten aus „Juliette" in den Mund. Das Publikum ist hin- und hergerissen zwischen Entsetzen und Faszination. Inmitten der obszönen Provokationen entwickelt Sade sein philosophisches Programm. Sades Philosophie ist die absolute Negation, basierend auf einem nihilistischen Materialismus. Für ihn ist die Natur durch und durch grausam. Blickt er in diese Natur, sieht er einziges fressen und gefressen werden, einen Kampf jeder gegen jeden. Destruktion ist ihr Endzweck. Und auch der Mensch ist nur ein egoistisches Tier und von Grund auf böse. Und wenn die Welt mit ihren Geschöpfen böse ist, kann der Schöpfergott auch nur ein böser sein. In seiner

---

[97] Eugen Dühren: Theorie und Geschichte des Sadismus. 1900. In: Sade. Stationen einer Rezeption, aaO, S. 106.

„Justine" wendet sich dieser Gott am Tag des Jüngsten Gerichts an die Gerechten und Tugendhaften:

*„Als ihr saht, dass auf Erden alles lasterhaft und verbrecherisch ist, so wird das höchste Wesen der Bosheit zu ihnen sprechen, weshalb habt ihr euch da auf die Pfade der Tugend verirrt? Habe ich euch nur den geringsten Hinweis darauf gegeben, dass diese Welt dazu geschaffen sei, mir angenehm zu sein? Und musste euch die ewige Flut von Schicksalsschlägen, mit der ich die Welt überschwemmte, nicht davon überzeugen, dass ich einzig und allein die Unordnung liebe und dass man es mir gleichtun muss, wenn man mir gefällig sein will? Habe ich euch nicht täglich Beispiele von Zerstörung gegeben? Weshalb habt ihr nicht angefangen zu zerstören?"*[98]

Sades Antwort auf die Frage der Theodizee ist simpel: Das Unheil in der Welt ist gottgewollt. Der fanatische Atheist und Anarchist Sade fordert daher den *„permanenten Aufstand."*[99] Klerus und Staat verfolgen nur ein Ziel: Sie wollen den Menschen mit Höllenvisionen und Gesetzen domestizieren, seinen Trieb unterdrücken und ihn sich untertan machen. Nur so sichern sie sich Macht und Reichtum. Staat und Kirche handeln in diesem Sinne ebenso egoistisch und

---

[98] Viktor Jerofejew: Der Marquis de Sade, der Sadismus und das zwanzigste Jahrhundert. 1990. In: Sade. Stationen einer Rezeption, aaO, S. 374.
[99] Zweifel u. Pfister, aaO, S. 333.

böse. Der Libertin Sade lehnt kategorisch alle Einschränkungen ab. Er negiert jede Autorität und fordert die absolute Freiheit des Individuums. In seinem Traktat „Franzosen, noch eine Anstrengung, wenn ihr Republikaner sein wollt" (1795) wendet er sich daher direkt an die Mitbürger:

*„Bedenkt Bürger, wenn ihr Gewissens- und Pressefreiheit einführt, müsst ihr auch bis auf wenige Einschränkungen die Freiheit des Handelns gewähren."*[100]

Die *„wenigen Einschränkungen"* sind dem herrschenden System geschuldet. Schließlich will er nicht auf der Guillotine landen. Doch die Freiheit, die dem Libertin Sade tatsächlich vorschwebt, ist eine ganz und gar entfesselte. Sie bezieht sich nicht nur auf die Sexualität, sondern auf alle Aspekte des Lebens. Denn Sade sieht es als erwiesen an, *„dass es manche Tugend gibt, deren Ausübung gewissen Menschen unmöglich ist."*[101]

Warum sollten Hungernde und Mittellose nicht stehlen dürfen, warum Zwangsverheiratete keine anderen Personen lieben und gehörnte Eheleute nicht aus Eifersucht morden?

---

[100] Pierre Klossowski: Sade, mein Nächster. 1947. In: Sade. Stationen einer Rezeption, aaO, S. 186.
[101] Marquis de Sade: Die Philosophie im Boudoir oder Die lasterhaften Lehrmeister. Dialoge, zur Erziehung junger Damen bestimmt. 5. Auflage, 1995. S. 221.

Sade hält es für zutiefst ungerecht, diese Menschen juristisch zu bestrafen. Daher rührt auch sein flammendes Plädoyer gegen die Todesstrafe. Für ihn ist ein Mord aus Leidenschaft oder Rache „natürlich" und entschuldbar, ein Todesurteil, ausgeführt auf Basis eines gefühlskalten Gesetzes, jedoch nicht.

Sade denkt den Freiheitsgedanken radikal zu Ende: Absolute, individuelle Freiheit ist egoistisch und triebgesteuert. Sie kennt keine Moral, keine Verantwortung oder Empathie. Ziel allen Handels ist allein die individuelle Lustmaximierung. Auch die Vernunft dient nur dazu, der Lust zuzuarbeiten.

Welche Jenseitsvorstellung ergibt sich aus einem solchen philosophischen Programm? Für den Atheisten ist Gott nicht existent, noch nicht einmal als böser Demiurg. Damit ist das Böse aus der Welt und jede Handlung nur mehr ein natürlicher Akt. Christliche Moralisierungsversuche durch eine Jenseitsabschreckung laufen ins Leere. Von keinem Hund, der verendet, oder Schwein, das geschlachtet, nimmt man an, dass diese in ihren Körpern auferstehen und im Jenseits weiter existieren. Die christliche Vorstellung einer postmortalen Existenz ist Ausdruck einer menschlichen Hybris. In Wahrheit ist der Mensch nur ein Tier und verendet wie

eines. Sade steht im Einklang mit den herrschenden philosophischen Strömungen seiner Zeit. Französische Aufklärer
wie Holbach, La Mettrie oder Diderot feiern den sensualisti-
schen Materialismus. Der Sensualismus besagt, dass das
Individuum die Welt ausschließlich über die Sinne erfährt
und nach einem Lust-Unlust-Prinzip handelt. Ferner besteht
alles aus Materie. Auch Gedanken und Emotionen sind
lediglich Funktionen der Materie, die ohne göttliches Ein-
wirken im Stofflichen entstehen. Im Materialismus gibt es
keinen Leib-Seele-Dualismus, keine Seele, die jenseits des
Körpers fortexistiert. Der Tod ist das definitive Ende. Die
destruktive Natur hat in der Auslöschung ihren Endzweck
erreicht. *„Meine Bleibe wird bald das Nichts sein!"*[102] hat Danton
1794 trotzig nach seiner Verurteilung zum Tode dem Tribu-
nal entgegengeschleudert. In diesem Sinne verfasst auch
Sade sein Testament. Sein Wunsch ist es, in der Natur beigesetzt zu werden, damit diese ihn aufnimmt und schließlich
vertilgt. Damit kehrt das Individuum als Negation zurück in
den natürlichen Kreislauf, der weiterhin seine unbarmherzi-
gen Zyklen dreht. Das einzelne Wesen ist der Natur
gleichgültig. Es ist der Natur egal, ob dieser oder jener

---

[102] Org. „Ma demeure sera bientôt dans le néant"
Quelle: https://fr.wikiquote.org/wiki/Georges_Jacques_Danton

Mensch sofort stirbt oder etwas länger lebt. Sade zieht aus dieser Erkenntnis einen radikalen Schluss: Lebe exzessiv deine egoistischen Triebe, als gebe es keinen Morgen. Sade hat in seinen Werken den Menschen ihre Abgründe vor Augen geführt. Er hat erkannt, dass Wollust und Grausamkeit oft Hand in Hand gehen. Er hat gezeigt, wie stark der sexuelle Trieb mit der individuellen Identität und Freiheit verquickt ist. Freiheit, Sexualität und Verbrechen – das ist seine Trinität. Für Sade zufolge ist der Mord der Gipfel der Lust. Doch hat er bekanntermaßen zeitlebens niemals einen Mord begangen. Die Verruchtheit, die man bis heute mit seinem Namen verbindet, ist weniger seinen Taten geschuldet, sondern vielmehr seiner überbordenden Phantasie. Gleichwohl gibt es auch für diesen radikalen Apologeten des Verbrechens eines, das in seinen Augen nicht entschuldbar ist: *„Die Gottesidee ist das einzige Unrecht, das ich den Menschen nicht verzeihen kann."*[103]

---

[103] Simone de Beauvoir: Soll man de Sade verbrennen? 1955. In: Sade. Stationen einer Rezeption, aaO, S. 258.

# PHILIPP MAINLÄNDER, DER PESSIMIST

**Angeregt durch die Schopenhauer-Lektüre entwickelte der Kaufmann, Dichter und philosophische Autodidakt seine Dystopie. Für Mainländer (geboren am 05.10.1841 in Offenbach) ist die Welt nichts anderes als der Kadaver Gottes nach dessen Selbstmord. Seither taumelt die Welt unweigerlich dem Zerfall ins absolute Nichts entgegen. Am Erscheinungstag seines Werkes „Die Philosophie der Erlösung" nahm sich der 34-jährige Exzentriker am 31.03.1876 in seiner Geburtsstadt das Leben.**

Freitag, der 31. März 1876, ist ein denkwürdiger Tag für Philipp Batz, der sich nach seiner Heimatregion Philipp Mainländer nennt. Hier in Offenbach sind soeben die druckfrischen Belegexemplare des ersten Bandes der „Philosophie der Erlösung" eingetroffen. Ein mehr als 600 Seiten umfassendes Mammutprojekt und die Quintessenz seiner philosophischen Überlegungen. Vor allem Arthur Schopenhauers Werk „Die Welt als Wille und Vorstellung" hat ihn dazu inspiriert. Doch wo Schopenhauer einen universellen, unbestimmten Willen zum Leben am Werk sieht, sieht Mainländer einen destruktiven Willen zum Tod. In seiner Dystopie ist unsere Welt im Begriff zu verwesen. Die *absolute Vernichtung* ist es, *„wonach sich alles in der Natur"* sehnt.[104] Jetzt stehen in seiner Wohnung die Bücher gestapelt. Auf dem Tisch liegt der Hanfstrick bereit. Mainländer ist an einem Endpunkt angelangt. Nach der Theorie folgt die Praxis.

*„Wer die Bürde des Lebens nicht mehr zu tragen vermag, der werfe sie ab. Wer es nicht mehr aushalten kann im Karnevalssaale der Welt, der trete hinaus in die stille Nacht."*[105]

Warum will der junge Philosoph und Dichter jetzt „in die Nacht hinaustreten" und sein Leben beenden? Wie ist er zu seiner pessimistischen Grundhaltung gelangt?

Ein Blick zurück ins Jahr 1858: Nach Besuch der Handelsschule in Dresden soll der fünfte und jüngste Spross der Familie eine Stelle als Kaufmann in Neapel antreten. Die kommenden fünf Jahre in Italien prägen den gerade 17-Jährigen nachhaltig. Sein Lehrer Dr. Helbig, der die Musenbegabung seines Sprösslings erkannte und förderte, gab ihm zur Mahnung mit auf den Weg:

*„Besonders warne ich Sie vor der Philosophie. Lassen Sie sich von der Litteratur aller Zeiten und Völker [...] das Leben*

---

104 Rolf Löchel: Freie Liebe, Virginität und Freitod. Die Welt als Mittel zum Zwecke des Nichtseins. Quelle: literaturkritik.de/id/586
105 Rolf Cantzen: Philipp Mainländers Anleitung zum glücklichen Nichtsein. [SWR2 Sendung vom 26.09.2008].

*verschönern und die Sorgen nehmen. Das ist Ihr Feld, dazu haben Sie Trieb und Anlagen. Meiden Sie dagegen die Philosophie wie die Pest.*"[106]

Italien begeistert den jungen Kaufmann. In kürzester Zeit lernt er die italienische Sprache und liest sich durch den Kanon der italienischen Literatur. Doch im darauffolgenden Jahr erreicht ihn eine Hiobsbotschaft nach der anderen. Er erfährt, dass sich seine einstige Jugendliebe in der Heimat verlobt hat. Kurz darauf erhält er die Nachricht vom Selbstmord seines älteren Bruders. Rückblickend resümiert er: *„Mein Herz erhielt zwei tötliche Wunden [...] Meine Seele trug fortan einen leichten schwarzen Flor, zu dem später ein noch dichterer trat.*"[107]

Sein einziger Wunsch ist es jetzt, Soldat zu werden und in die österreichische Armee einzutreten, um auf dem „Feld der Ehre" den Tod zu suchen. Doch der Krieg ist vorbei, und der Friede von Villafranca[108] verhindert einen Eintritt ins Militär. Stattdessen findet er Zuflucht in der Natur und in

---

[106] Fritz Sommerlad: Aus dem Leben Philipp Mainländers. Mitteilungen aus der handschriftlichen Selbstbiographie des Philosophen. In: Zeitschrift für Philosophie und philosophische Kritik. Band 112. Hg. von Richard Falckenberg. Leipzig, 1898. S. 80.

[107] Sommerlad, aaO, S. 79.

[108] Am 8. Juli 1859 wurde in Villafranca nach der Schlacht von Solferino zwischen Frankreich, Österreich und Sardinien-Piemont ein Waffenstillstand vereinbart, der im Friedensvertrag von Zürich mündete.

der Poesie. Vor allem in den Werken von Giacomo Leopardi findet er Trost. Seine Verse sind geprägt von romantischer Todessehnsucht und tiefer Melancholie. *„Es gibt nichts Besseres als das Nicht-sein"*[109] – ein Gefühl, das den jungen Kaufmann zu eigenen Gedichten inspiriert. Doch die Warnung seines Lehrers vor der Philosophie schlägt der einstige Zögling in den Wind. Nach seiner Rückkehr in die Heimat fällt ihm ein Buch in die Hände, das ihn wie kein anderes zum Denken anregt und befeuert. Von nun an liest er täglich seinen Schopenhauer wie fromme Mönche in der Bibel. Hier in Italien werden die Samen gesät, die später in seiner „Die Philosophie der Erlösung" zur Blüte gelangen. Angeregt durch Schopenhauer beschäftigt sich Mainländer auch ausgiebig mit dem Buddhismus. In der Sichtweise Buddhas besteht die Welt voller Leid. Ziel ist es, den ewigen Kreislauf der Natur aus Geburt und Wiedergeburt zu durchbrechen und ins Nirwana einzutreten. Eine Idee, die auch den angehenden Philosophen inspiriert. Er wird sich später einmal als linken Buddhisten bezeichnen.

In Deutschland ist Mainländer zunächst im Geschäft seines Vaters tätig. Nach dem Tod seiner geliebten Mutter im

---

[109] Pietro Citati: Leopardi. Traduit de l'italien par Brigitte Pérol. 2014. S. 307.

Jahr 1865 gelobt er Virginität bis zum Tod. Ein Spleen, den er von Leopardi übernommen hat, der von sich selbst behauptete, er werde *„die Blume der Virginität intakt zu Grabe tragen."*[110]

Ein Jahr später will Mainländer erneut Soldat werden und bewirbt sich jetzt beim preußischen Heer:

*„Schon im 14. Jahr wollte ich Soldat werden [...] Ich habe ein außerordentliches Verlangen, einmal unbedingt einem anderen in allem unterworfen zu sein, die niedrigste Arbeit thun, blind gehorchen zu müssen. Dieser Wunsch ist in meinem Leben immer wieder aufgetaucht [...] Ich glaube, dass damals das Verlangen mit dem erwachenden Geschlechtstriebe in Verbindung stand."*[111]

Doch aus dem sublim erotischen Vorhaben wird nichts. Also arbeitet er weiter als Kaufmann und studiert nebenbei die philosophischen Werke von Kant, Schelling und Hegel. Nicht an der Universität, sondern im Selbststudium, wie er nicht ohne Stolz konstatiert:

*„Ich habe [...] als Kaufmann die Welt gesehen, einen umfassenden weltmännischen Blick gewonnen und blieb verschont vom giftigen Hauch der Philosophieprofessoren und einem trockenen*

---

[110] Org.: „quest' uomo si portò intatto uce sepolcro il fiore della verginità". Zit. nach Sommerlad, aaO, S. 79.
[111] Sommerlad, aaO, S. 88.

*wurmartigen kurzsichtigen Gelehrtentum, der Vielwisserei, wie Heraklit verächtlich zu sagen pflegte."*[112]

Anschließend sieht er die Zeit reif, sein eigenes philosophisches System zu Papier zu bringen. Innerhalb weniger Wochen verfasst er im Sommer 1874, zurückgezogen in Offenbach, den ersten Teil der „Die Philosophie der Erlösung". Schließlich erfüllt sich auch sein innigster Wunsch und er wird Soldat. Sein Immediatgesuch an Kaiser Wilhelm I. hat Erfolg. Im Herbst tritt er den Dienst im Reiterregiment von Halberstadt an:

*„Ich wurde in einigen Tagen, am 5. Oktober, 33 Jahre alt und sollte Rekrut neben Jungen von 19 und 22 Jahren sein! Ich stieg aus behaglichen bürgerlichen Verhältnissen in die rauhen entbehrungsvollen des Soldatenstandes hinab. Ich hatte fast ausschließlich mit der Feder und dem Kopfe gearbeitet [...] – nun sollte ich Pferde kardätschen, den Stall misten, den Pallasch schwingen und mir genügen lassen am engen Denkkreise der untersten Volksschichten."*[113]

Rekrut Mainländer genießt einstweilen seinen strapaziösen Aufenthalt in der Kaserne. Nach einem Jahr ist er jedoch ausgebrannt und wird vorzeitig aus der Armee entlassen. Im

---

[112] Sommerlad, aaO, S. 78.
[113] Sommerlad, aaO, S. 96.

November 1875 kehrt er in seine Heimatstadt Offenbach zurück und macht sich an den zweiten Band der Philosophie der Erlösung. Bereits im Frühjahr 1876 ist der Dichter und Philosoph mit seinem Latein am Ende und einem weiteren Burn-out nahe. Auch seine pädagogischen Bemühungen, seine Schwester Minna in sein philosophisches System einzuführen, bleiben fruchtlos. In einem seiner letzten Briefe an seine Schwester schreibt er resigniert:

*„Ich gebe den Kampf auf. Ich sehe zu deutlich ein, dass du mich nicht verstehen wirst, so wenig wie die Phil. d. Erl. [=Philosophie der Erlösung] in Deinem Herzen gezündet hat ... Du meine Schülerin! Ach! ach! Was brechen da für Wunden auf! [...]*

*Wenn einer in den Tod gehen will, so kann ihn keine Macht des Himmels und der Erde davon abhalten. Einem solchen Ereignis steht der Einzelne immer gegenüber wie eine Überschwemmung, einem Erdbeben usw. "*[114]

In der Nacht vom 31. März auf den 1. April setzt Mainländer seiner Existenz ein rabiates Ende. Professor Ulrich Horstmann, Herausgeber einer Neuauflage der Mainländer-Schriften, zeichnet ein drastisches Bild:

---

[114] Guido Rademacher: Der Zerfall der Welt: Philipp Mainländer; kurz gelebt und lange vergessen. S. 216.

*„Mit der festen Absicht, in die stille Nacht hinauszutreten, stapelte Mainländer die erst am Vormittag gelieferten Belegexemplare seiner zweibändigen ‚Philosophie der Erlösung' und bestieg danach ruhig das so entstandene Podest. Die Schlinge hängt schon am richtigen Platz. Griffbereit. Der 34-jährige Weltentrātsler streift sie sich über den Kopf, ruckt sie fest. Dann beginnt die Beinarbeit. Die Bücher stieben davon. Das Seil strafft sich. Ein forciertes Luftanhalten setzt ein."*[115]

Inwiefern diese literarische Fiktion den tatsächlichen Ereignissen entspricht, lässt sich retrospektiv nicht ausmachen. Laut Polizeibericht wurde Philipp Mainländer am 1. April 1876 in seiner Wohnung erhängt aufgefunden.[116] Begraben wird der Exzentriker auf dem Friedhof von Offenbach. Seine Schwester Minna gibt posthum den zweiten Band der „Philosophie der Erlösung" (1886) heraus und begeht anschließend ebenfalls Selbstmord.

---

[115] Cantzen, aaO.
[116] Sommerlad, aaO, Fußnote 6.

# Die Welt als Resultat Gottes Selbstmord

Leopardi, Schopenhauer, Buddha – das sind Philipp Mainländers Säulenheilige auf dem Weg zu seiner Philosophie der Erlösung. Doch geht es ihm zunächst weniger um die Erlösung des Menschen, sondern – mit Richard Wagner gesprochen – um die „Erlösung des Erlösers".[117] Gott ist ursprünglich das „Übersein", das „AllEine".[118] Da jedoch Existenz mit Leiden, Langeweile und Sinnlosigkeit verknüpft ist, erscheint das Nichtsein als die bessere Option. Folglich strebt Gott vom Übersein über den Umweg des Seins zum absoluten Nichts.

*„Das ersehnte Ende kann er aber als Gott nicht sogleich erreichen, da sein eigenes Wesen ihm dabei im Wege steht, und so explodiert er in die Vielheit und schwächt sich multipel in zahllosen Splittern."[119]*

Diese zersplitterte Vielfalt, die wir als Universum bezeichnen, ist das Resultat von Gottes Selbstmord. Die Welt entsteht genau in dem Augenblick, in dem Gott sich selbst

---

[117] Richard Wagner in seiner Oper Parsifal (1882).
[118] Dieser Begriff stammt von Plotin.
[119] Thorsten Lerchner: Der Begriff des „Charakters" in der Philosophie Arthur Schopenhauers und seines Schülers Philipp Mainländer. Bonn, 2010. S. 258.

vernichtet. *„Die Welt ist das Mittel zum Zwecke des Nichtseins"*, und für Mainländer der *„einzig mögliche [Weg]."*[120] Das Leben ist der notwendige Umweg zur Nicht-Existenz Gottes. Und wenn in dieser Welt ein Wille existiert, dann kann dies nur ein „Wille zum Tod" sein. Mainländer teilt die Fortschrittsgläubigkeit vieler Zeitgenossen nicht. Anstatt Progression sieht er überall nur Regression. Während die Welt dem Nichts entgegen trudelt, ist überall eine „Kraftschwächung" am Werk. So wie die Sonne tagtäglich sinnlos ihre Energie verpulvert, um irgendwann zu erlöschen, so tragen auch wir Menschen zur Kraftschwächung bei. Mainländer rechnet uns unseren immensen Ressourcenverbrauch im Kleinklein vor:

*„Dreihundert Forellen sind nötig, um einen Menschen für einen bestimmten Zeitraum zu ernähren. In derselben Zeit müssen die Forellen 90.000 Kaulquappen (Jungfrösche) fressen, die Frösche 27 Millionen Grashüpfer und die wiederum 1000 Tonnen Gras. Damit also ein Mensch seinen hohen Grad von Ordnung aufrechterhalten kann, benötigt er die Energie, die in 27 Millionen Grashüpfern oder 1000 Tonnen Gras enthalten ist."*[121]

---

120 Löchel, aaO.
121 Lerchner, aaO, S. 256-257.

Alles in der Natur hat nur ein Ziel: sich selbst zu schwächen, um sich am Ende im absoluten Nichts aufzulösen. Mainländer zeichnet ein drastisches Bild:

*„Das Leben aber ist der Kampf, in welchem sich dieser nicht sein wollende Gott windet, oder, besser, es ist der Prozess der Verwesung seiner Theile, jeder Mensch ein Stück Gottesaas.“*[122]

Bei allem Pessimismus propagiert ausgerechnet der „Virginitätsapostel“, wie Nietzsche Mainländer spöttisch tituliert, Polygamie und freie Liebe. Denn Mainländer sieht die Menschen *„in den Klauen des Geschlechtstriebes“*[123] gefangen. Der Mensch, so sein dialektischer Gedanke, kann erst Erlösung finden, wenn er ganz und gar satt ist. Und diese absolute Sättigung lässt sich nur in einer kommunistischen Gesellschaftsordnung erreichen, die zugleich auch die letzte Zivilisationsstufe sein wird.

Aber welche Eschatologie verheißt diese Dystopie, in der der Urknall nichts anderes ist als der Schuss aus dem Revolver an der Schläfe Gottes? Ein Weltbild, in dem der Mensch nichts anderes ist als „ein Stück Gottesaas“? Mainländers Kosmologie bildet eine radikale Anti-These: Gott ist demnach nicht der christliche Schöpfer, der die Welt aus dem

---

[122] Lerchner, aaO, S. 261.
[123] Löchel, aaO.

Nichts heraus erschaffen hat („creatio ex nihilo"), sondern der Vernichter, der die Welt zum Zwecke der endgültigen Auslöschung erschuf („creatio ad nihilum"). Für Mainländer ist das christliche Heilsversprechen eines „ewigen Lebens" keine Verheißung, sondern eine Androhung. *„Es gibt Menschen, die leiden, bloß weil sie sind"*, heißt es in Georg Büchners Bühnenstück „Leonce und Lena" (1836) und Heinrich Heine resümiert in seinem Gedicht „Morphine" (1856): *„Gut ist der Schlaf, der Tod ist besser – freilich. Das Beste wäre, nie geboren sein."* Die romantische Melancholie und Todessehnsucht bilden das emotionale Fundament, das Mainländer zu seinem kategorischen Imperativ des Nicht-Seins leitet. Der Buddhismus, der in Europa erstmals zur Zeit der Romantik bekannt wird, inspiriert auch Mainländer. Ziel der Lehre ist es, den ewigen Kreislauf der Reinkarnation, auch als Samsara bezeichnet, zu durchbrechen und ins Nirwana einzutreten. Dafür muss sich der Einzelne lossagen von egoistischen Wünschen und Begierden sowie von weltlichem Besitz. Erleuchtung erlangt nur, wer ein asketisches Leben in Meditation führt. In diesem Kontext ist auch Mainländers Keuschheitsgelübde zu sehen. Er sieht im Triebverzicht ein effektives Mittel, um das Nirwana zu erreichen. Er ist überzeugt: *„Im Taumel der Wollust wird die Erlösung verscherzt."*[124]

Für Buddhisten ist das Nirwana ein Zustand des Glücks und der Erlösung. Für Mainländer hingegen bedeutet es den Übertritt ins absolute Nichts. Diese eigenwillige Interpretation beruht auf einem Missverständnis. Der aus dem Sanskrit stammende Begriff „Nirwana" (wörtlich „Auswehen, Erlöschen") wurde in den Übersetzungen des 19. Jahrhunderts mit „Nichts" wiedergegeben. Die Romantiker hielten den Buddhismus folglich irrtümlicherweise für eine nihilistische Lehre. Gerade deshalb traf diese aus Asien stammende Religionslehre den Puls der romantischen Epoche, bildete sie doch einen Kontrapunkt zur christlichen Heilslehre. Und so beruhigt der buddhistische Pessimist Mainländer seine Zeitgenossen: *„Geht ohne Zittern, meine Brüder: ihr werdet weder ein Himmelreich noch eine Hölle im Grabe finden."*[125] Mit dieser Gewissheit tut es der Exzentriker Philipp Mainländer seinem lebensmüden Schöpfergott gleich und sucht im Suizid seine persönliche Erlösung. Verbunden mit der innigen Hoffnung, ein für alle Mal im absoluten Nichts zu verwehen.

---

[124] Löchel, aaO.
[125] Cantzen, aaO.

# FRIEDRICH NIETZSCHE, DER NIHILIST

**Der am 15.10.1844 in Röcken geborene Pfarrerssohn war Professor für klassische Philologie und gilt als philosophischer Vertreter des Nihilismus. Auch prägte er den Begriff des „Übermenschen". Nach zehn Jahren in geistiger Umnachtung starb Nietzsche am 25.08.1900 in Weimar. Erst nach seinem Tod erlangte er Weltruhm.**

Im Februar 1865 findet sich der naive 21-jährige Student völlig unverhofft in einem Kölner Bordell wieder. Seinen Dienstmann hatte er eigentlich angewiesen, ihn in ein Restaurant zu führen. Ob sich Nietzsche bereits hier mit der für ihn so verhängnisvollen Syphilis infiziert hat oder erst bei zukünftiger Gelegenheit, lässt sich nicht sicher sagen. Bei einer späteren medizinischen Untersuchung gibt er an, sich *„zweimal spezifisch infiziert"*[126] zu haben. Die schleichend verlaufende, heimtückische Infektion bleibt nicht ohne Folgen.

Im Jahr 1888 arbeitet Nietzsche in Turin an seiner Schrift „Der Antichrist". Darin holt er noch einmal den ganz großen Hammer gegen das Christentum heraus. Sein vernichtendes Fazit lautet:

---

[126] Quelle: www.f-nietzsche.de/krank.htm

*„Ich verurteile das Christentum, ich erhebe gegen die christliche Kirche die furchtbarste aller Anklagen, die je ein Ankläger in den Mund genommen hat. Sie ist mir die höchste aller denkbaren Korruptionen, sie hat den Willen zur letzten auch nur möglichen Korruption gehabt. Die christliche Kirche ließ nichts mit ihrer Verderbnis unberührt, sie hat aus jedem Wert einen Unwert, aus jeder Wahrheit eine Lüge, aus jeder Rechtschaffenheit eine Seelen-Niedertracht gemacht.“*[127]

Nun sei es an der Zeit, dies durch eine *„Umwertung aller Werte“* zu korrigieren. Im Anschluss daran macht sich Nietzsche an seinen autobiographischen Rückblick: „Ecce homo“. Darin verkündet er selbstbewusst: *„Ich bin kein Mensch, ich bin Dynamit.“* Allmählich schleicht sich der Wahnsinn in sein Werk hinein. Gegen Ende des Jahres bringt das Sprachgenie, dessen eigentümlicher, alttestamentarischer Stil später viele Nietzsche-Fans nachhaltig beeindrucken wird, nur mehr wirre Gedanken zu Papier:

*„Ich bin unter den Indern Buddha, in Griechenland Dionysos gewesen – Alexander und Caesar sind meine Inkarnationen ... zuletzt war ich Voltaire und Napoleon, vielleicht auch Richard Wagner.“*[128]

---

[127] Friedrich Nietzsche: Werke in drei Bänden. München 1954, Band 2. S. 1233.
[128] Hans Bankl: Viele Wege führen in die Ewigkeit. Wien, 2005. S. 229-230.

Zudem schreibt er aberwitzige Briefe an die unterschiedlichsten Persönlichkeiten, die er mal mit „Dionysos", mal „der Antichrist" oder „der Gekreuzigte" unterzeichnet. Adressaten seiner „Wahnsinnsbriefe" sind nicht nur Georg Brandes, Cosima Wagner, August Strindberg, sondern auch der italienische König Umberto. Als er am 3. Januar 1889 in Turin seine Arme um den Hals eines Pferdes schlingt, um das Tier vor den Peitschenhieben des Kutschers zu schützen, ist es endgültig um ihn geschehen. Nietzsche erlebt seinen großen Zusammenbruch, von dem er sich nie wieder erholen wird. Am 8. Januar 1889 schreibt er einen letzten wirren Brief an seine Freunde in Basel:

*„Meinem verehrungswürdigen Jacob Burckhardt. Das war der kleine Scherz, dessentwegen ich mir die Langeweile, eine Welt geschaffen zu haben, nachsehe. Nun sind Sie – bist du – unser grosser grösster Lehrer, denn ich, zusammen mit Ariadne, haben nur das goldne Gleichgewicht aller Dinge zu sein, wir haben in jedem Stücke Solche, die über uns sind . . . Dionysos."*[129]

Die Basler Freunde und Professorenkollegen Jacob Burckhardt und Franz Overbeck sind zutiefst beunruhigt. Was will Nietzsche ihnen sagen? Nach kurzer Rücksprache

---

[129] Dr. med. Johannes Wilkes: Nietzsches Krankheit. Genie und Wahnsinn. In: Deutsches Ärzteblatt 97, Heft 11 vom 17.3.2000.

mit dem Anstaltsleiter der Psychiatrie macht sich Overbeck unverzüglich auf den Weg nach Italien und findet Nietzsche in einer kleinen Pension. Dieser umarmt und küsst seinen Baseler Freund und bricht in Tränen aus. Dann sackt er unter heftigen Zuckungen auf dem Sofa zusammen. Overbeck erkennt den Ernst der Lage und handelt umgehend. Nietzsche wird unter Suggestion gesetzt und nach Basel in die dortige „Kantonale Irrenanstalt" gebracht. Bei der ersten Untersuchung gibt Nietzsche an, dass er sich seit circa einer Woche krank fühle und unter heftigen Kopfschmerzen leide. Gleichzeitig habe er aber auch immer wieder euphorische Anfälle, habe sich dabei *„ungemein wohl und gehoben gefühlt, und hätte am liebsten alle Leute auf der Straße umarmt und geküsst, wäre am liebsten an den Mauern in die Höhe geklettert."*[130] In der Krankenakte heißt es: *„Patient ist schwer zu fixieren, beantwortet bloß teilweise die an ihn gerichteten Fragen, fortwährend in seinen verworrenen Reden fortfahrend"*. Und weiter: *„Patient bleibt den ganzen Tag über im Bette. – Isst mit ausgezeichnetem Appetite, ist für alles ihm Gereichte sehr dankbar. – Nachmittags spricht Patient fortwährend wirr durcheinander, zuweilen laut johlend und singend. – Der Inhalt seines Gespräches*

---

[130] Bankl, aaO, S. 230.

*ist ein buntes Durcheinander von früher Erlebtem; ein Gedanke jagt den anderen ohne jeden logischen Zusammenhang.*"[131]

Nach Abschluss der Untersuchungen stellt der Anstaltsleiter Prof. Dr. Ludwig Wille die ernüchternde Diagnose: *„Paralysis progessiva"*[132]. Oder auf Deutsch: ein fortschreitender, sich verschlimmernder Ausfall der Gehirnfunktionen als Spätfolge der Syphilis.

Auf Veranlassung seiner in Naumburg lebenden Mutter wird Nietzsche am 17. Januar 1889 von Basel aus in die „Irren, Heil- und Pflege-Anstalt zu Jena" verlegt. Bei der dortigen Aufnahme wird ein knapper wie prägnanter Lebenslauf in die Akten eingetragen:

*„Stets etwas verschroben. Sehr beanlagt. Schüler von Ritschl. Auf dessen Empfehlung schon mit 23 Jahren Professor in Basel. 1866 Syphilit. Ansteckg. 1869. Erhält die Professur für klassische Philologie in Basel. 1878. Wegen Nervosität und Augenleidens Professur aufgegeben."*[133]

In Jena wird er abermals minutiös medizinisch untersucht. Doch sein geistiger Zustand verbessert sich nicht. In der Krankenakte vom 19. Januar 1889 ist vermerkt:

---

[131] Ebd.
[132] Quelle: www.f-nietzsche.de/krank.htm
[133] Ebd.

*„Zur Abteilung folgt der Kranke unter vielen höflichen Verbeugungen. In majestätischem Schritt zur Decke blickend betritt er sein Zimmer und dankt für den ‚großartigen Empfang'. Er weiß nicht, wo er ist. Bald glaubt er in Naumburg, bald in Turin zu sein. Über seine Personalien gibt er korrekte Auskunft. Der Gesichtsausdruck ist sicher u[nd] selbstbewußt, oft selbstgefällig u[nd] affektiert. Er gestikuliert u[nd] spricht fortwährend in affektiertem Ton und hochtrabenden Worten, und zwar bald Italienisch, bald Französisch. Unzählige Male versucht er den Ärzten die Hand zu schütteln […] Inhaltlich fällt die Ideenflucht seines Geplauders auf, gelegentlich spricht er von seinen großen Kompositionen und singt Proben aus denselben, er spricht von seinen ‚Legationsräten und Dienern'. Während des Sprechens grimassiert er fast unausgesetzt. Auch in der Nacht ging sein zusammenhangloses Geplauder fast ununterbrochen fort. Pat[ient] isst stark."*[134]

Der Philosoph, der einst den „Übermenschen" verkündete, ist auf dem besten Weg in die totale Verblödung. Das Krankenjournal der Anstalt dokumentiert in den kommenden Monaten diesen traurigen Verfall. Nietzsche uriniert, lärmt, phantasiert und beschmiert sich immer wieder mit Kot. Hier nur eine kleine Auswahl:

---

[134] Ebd.

10. März: Heißhunger. Bezeichnet die Ärzte stets richtig, sich selbst bald als Herzog v. Cumberland, bald als Kaiser etc.

01. April: Kot geschmiert. „Ich bitte um einen Schlafrock zur gründlichen Erlösung. Nachts sind 24 Huren bei mir gewesen."

05. April: Uriniert in den Stiefel und trinkt den Urin.

18. April: Ißt Kot.

27. April: Oft Zornausbrüche. Beschmiert sich mit Kot.

14. Juni: Hält den Oberwärter für Bismarck.

02. Juli: Uriniert in sein Wasserglas.

14. Juli: Kot geschmiert.

16. Juli: Kot geschmiert.

29. Juli: Besuch der Mutter. Sehr erfreut.

16. August: Schlug ganz plötzlich einige Scheiben ein. Behauptet hinter dem Fenster einen Flintenlauf gesehen zu haben.

20. August: Legt Kot in Papier gewickelt in den Tischschubladen.

07. September: Bettet sich fast stets neben das Bett auf den Boden.

10. September: Trinkt wieder Urin.

*14. Dezember: Trinkt Spülwasser.*[135]

Am 24. März 1890 wird er gegen Ratschlag der Ärzte aus der Klinik entlassen. Von nun an pflegt ihn seine Mutter bei sich in Naumburg. Nietzsches geistiger Zustand verschlechtert sich weiter. Seine Redseligkeit versiegt und er wird mehr und mehr apathisch. Nach dem Tod der Mutter im Jahr 1897 übernimmt die Schwester Elisabeth Förster-Nietzsche die häusliche Pflege. Zusammen beziehen sie die repräsentative „Villa Silberblick" in Weimar, die von einer Nietzsche-Gönnerin finanziert wurde. Zu Lebzeiten hat Nietzsche nur wenige Werke publiziert. 1885 erschien „Also sprach Zarathustra" in einer Auflage von vierzig Exemplaren, 1886 ließ er „Jenseits von Gut und Böse" auf eigene Kosten drucken. Doch gegen Ende des Jahrhunderts werden seine Schriften populär. Die geschäftstüchtige Schwester erkennt frühzeitig das Potenzial und sichert sich die Rechte an der Gesamtausgabe, die sie fortan gewinnbringend vermarktet. Während Nietzsche immer tiefer in geistiger Umnachtung versinkt, beginnt sein Stern als Denker und Philosoph aufzusteigen. Doch seine Werke polarisieren schon früh. Neben zahlreichen, glühenden Verehrern treten auch scharfe

---

[135] Bankl, aaO, S. 232-234. Hier sind noch weitere Krankenakten-Eintragungen nachzulesen.

Kritiker auf den Plan. Der Psychiater Paul Julius Möbius etwa warnt die Nietzsche-Leser eindringlich:

*„Seid misstrauisch, denn dieser Mann ist ein Geisteskranker!"*[136]

Zukünftig setzt Schwester Elisabeth alles daran, die wahre Ursache für Nietzsches Geisteskrankheit, nämlich eine Geschlechtskrankheit, zu vertuschen. Der Germanist Wolf-Daniel Hartwich weist darauf hin, *„dass in den zehn Jahren, in denen Nietzsche dem Tod entgegen dämmerte, seine Schwester alles aufbot, um die Zeitgenossen über seine Krankheit zu täuschen und der Nachwelt ein verfälschtes Bild des großen, nie verstandenen Bruders zu überliefern."*[137] Sie fälscht nachweislich mehr als dreißig Briefe ihres Bruders, sie vernichtet Dokumente und verharmlost: *„Die Ursache aber für seine geistige Erkrankung suche ich ganz allein in dem Gebrauch von Schlafmitteln."*[138] Später nennt sie ein unbekanntes *„javanisches Beruhigungsmittel"*[139] als Grund. Sie lügt und verschleiert, wo es nur geht. Zu jener Zeit aber vielleicht doch eine menschliche, allzu menschliche Reaktion.

---

[136] Wilkes, aaO.
[137] Quelle: www.f-nietzsche.de/krank.htm
[138] Bankl, aaO, S. 234.
[139] Ebd.

Am 20. August 1900 erkrankt Nietzsche an einer fiebrigen Erkältung, die sich rasch zu einer Lungenentzündung ausweitet. In der Nacht zum 25. August erleidet er zudem einen Schlaganfall. Am Morgen zwischen 11 und 12 Uhr verstirbt der Philosoph in seinem Schlafzimmer. Schwester Elisabeth verhindert wohlweislich eine Obduktion und erklärt kurzerhand: *„Nietzsche sei an den Folgen einer Vergiftung mit Chloralhydrat, einem Schlafmittel, gestorben."*[140]

Am Nachmittag des 27. August findet eine Trauerfeier im engsten Kreis statt. Zwanzig erlesene Gäste, darunter auch Harry Graf Kessler, drängen sich in der mit Kränzen und Blumen geschmückten Bibliothek. Zwei Damen singen Brahms, und der Kunsthistoriker Kurt Breysig hält eine ermüdende Trauerrede. Einen Tag später wird der Philosoph, den man wie kaum einen anderen mit dem Begriffspaar „Genie und Wahnsinn" in Verbindung bringt, in seiner Geburtsstadt Röcken beigesetzt.

---

[140] Quelle: www.f-nietzsche.de

# Gottes Todesanzeige

„Gott ist tot. – Nietzsche" steht als Graffiti an einer Wand gesprüht. Ein anderer Sprayer hat darunter hinzugefügt: „Nietzsche ist tot. – Gott". Das erste Zitat dürfte auch vielen bekannt sein, denen der Name Nietzsche ansonsten wenig sagt. Die Todesnachricht Gottes ist jedoch weniger als Provokation gedacht, sondern aus Sicht Nietzsches eine folgerichtige Zivilisationsdiagnose. In seiner „Fröhlichen Wissenschaft" (1882) ist es ausgerechnet ein Narr, der den Menschen die ungeheure Wahrheit überbringt:

*„Der tolle Mensch sprang mitten unter sie und durchbohrte sie mit seinen Blicken: Wohin ist Gott? rief er, ich will es euch sagen! Wir haben ihn getötet, – ihr und ich! Wir alle sind seine Mörder! [...] Gott ist tot! Gott bleibt tot! Und wir haben ihn getötet! Wie trösten wir uns, die Mörder aller Mörder? Das Heiligste und Mächtigste, was die Welt bisher besaß, es ist unter unseren Messern verblutet."*[141]

Es sind die Menschen selbst, die Gott getötet haben. Doch noch sind sie sich dessen nicht bewusst. Und da hilft es auch nicht, dass der Narr ihnen am helllichten Tage eine Laterne

---

[141] Friedrich Nietzsche: Die fröhliche Wissenschaft, München 1959. S. 166.

anzündet. Nietzsche sieht die Menschheit in der Phase der Dekadenz. Der Niedergang vollzieht sich vom Pantheismus der Antike über den Monotheismus des Mittelalters und mündet im Nihilismus der Neuzeit. An die Stelle Gottes tritt das Nihil, das Nichts. Der Nihilismus negiert alle Werte und Moralvorstellungen, er leugnet die Existenz Gottes und die Möglichkeit objektiver Erkenntnis: *„Tatsachen gibt es nicht, nur Interpretationen.“*[142] Am Ende bleibt nur die nackte Existenz, die Sinnlosigkeit des Daseins.

*„Denken wir den Gedanken in seiner furchtbarsten Form: das Dasein, so wie es ist, ohne Sinn und Ziel, aber unvermeidlich wiederkehrend, ohne ein Finale ins Nichts: »die ewige Wiederkehr«. Das ist die extreme Form des Nihilismus: das Nichts (das »Sinnlose«) ewig!“*[143]

Für Nietzsche gibt es nichts Neues unter der Sonne. Hier folgt der Schopenhauer-Schüler den buddhistischen Überzeugungen seines Lehrers. Leben bedeutet Leiden. Und das Leben unterliegt einem ewig währenden Kreislauf aus Werden und Vergehen. Nietzsche geht noch einen Schritt weiter und postuliert die ‚ewige Wiederkunft des Gleichen‘. Er

---

[142] Nietzsche, nachgelassene Fragmente. Ende 1886 – Frühjahr 1887. Quelle: philosophenlexikon.de/friedrich-nietzsche-1844-1900
[143] Friedrich Nietzsche: Werke in drei Bänden. München 1954, Band 3. S. 852.

projiziert den Reinkarnationsgedanken des Buddhismus auf die Weltgeschichte. Alle Ereignisse im Universum wiederholen sich. Da die Zeit unendlich, die Anzahl der möglichen Zustände jedoch begrenzt ist, ist die Welt (und damit das Leid) eine Wiederholung der Wiederholung der Wiederholung. Mit dem Tod Gottes fehlt das sinnstiftende Fundament. Die Erkenntnis, dass die eigene Existenz sinnlos und das Sein absurd ist, führt den Menschen direkt in den Wahnsinn, wie es die Parabel vom „tollen Menschen" nahelegt.

Der moderne Mensch entledigt sich zwar der christlichen „Sklavenmoral", bleibt aber anschließend im Nihilismus verfangen. Denn: *„Wer das Große nicht mehr in Gott findet, findet es überhaupt nicht [...] und muss es entweder leugnen oder selbst schaffen."*[144]

Um den Nihilismus zu überwinden, bedarf es also eines neuen Menschentypus: des Übermenschen. In „Also sprach Zarathustra" (1883) verkündet er: *„Ich lehre euch den Übermenschen. Der Mensch ist etwas, das überwunden werden soll [...] Der Übermensch ist der Sinn der Erde."*[145]

---

[144] Quelle: www.thenietzschechannel.com/notebooks/german/nachd/ nachd1.htm
[145]. Quelle: www.zeno.org/Philosophie/M/Nietzsche,+Friedrich/ Also+sprach+Zarathustra/Zarathustras+Vorrede

Als „Heerdenmensch" und Sklave der Religion lebt es sich bequem, sofern die göttlichen Gebote befolgt werden, wie sie z.B. der Dekalog einfordert: Du sollst Gott ehren, du sollst nicht ehebrechen, du sollst nicht töten usw. Der neue Übermensch hingegen schafft seinen Sinn aus sich selbst heraus, indem er Gottes gebieterisches „Du sollst" durch ein selbstbewusstes „Ich will" ersetzt. Wie Schopenhauer sieht auch Nietzsche in allem Lebendigen einen Willen am Werk, jedoch einen triebgesteuerten „Willen zur Macht". Erst der Übermensch übernimmt die totale Macht über sein Ich und wird damit zugleich zum moralischen Souverän und Sinnstifter seiner eigenen Existenz. Nietzsche denkt den Übermenschen im darwinschen Sinne als neue Rasse: Analog zur Evolution, in der der Mensch einst den Affen hinter sich gelassen hat, wird der Übermensch den Menschen überwinden. Ein diffuses Konzept, das NS-Ideologen zu eigener Propaganda perfide umdeuten und das später Comic-Zeichner zu Helden wie Superman inspiriert.

Für Nietzsche ist der Übermensch Zukunftsmusik. Mit dem Tod Gottes ist das christliche Heilsversprechen hinfällig und ein Ersatz ist nicht in Sicht. In „Also sprach Zarathustra" warnt er unmissverständlich vor den religiösen Rattenfängern:

*„Ich beschwöre euch, meine Brüder, bleibt der Erde treu und glaubt Denen nicht, welche euch von überirdischen Hoffnungen reden! Giftmischer sind es, ob sie es wissen oder nicht. Verächter des Lebens sind es, Absterbende und selber Vergiftete, deren die Erde müde ist: so mögen sie dahinfahren!"*[146]

Für den defizitären Menschen sieht Nietzsche in der Kunst eine (Schein-) Erlösung. *„Wir haben die Kunst, damit wir an der Wahrheit nicht zugrunde gehen"*[147], notiert er 1888 in seinen nachgelassenen Schriften. Der Mensch überwindet für einen kurzen Moment die sinnlose Leerstelle, indem er selbst zum ‚creator‘, zum Schöpfer wird. In der griechischen Antike sieht der Altphilologe sein Kunstideal verwirklicht, denn hier wirken die apollinischen und dionysischen Kräfte in harmonischer Einheit. Apollo, der Gott des Lichts und der Vernunft, steht dabei sinnbildlich für die Strahlkraft der Sonne. Dionysos, der Gott des Weines, hingegen verkörpert das Sinnliche und Triebhafte. Er steht für Rausch und Ekstase, oder modern gesprochen für Sex, Drugs & Rock’n’Roll. Apollo ist es, der die animalischen Triebe bändigt und den Menschen zivilisiert. Die Sage vom Minotaurus zeigt

---

[146] Ebd.
[147] Friedrich Nietzsche: IV. Der Wille zur Macht als Kunst. 822.
Quelle: www.projekt-gutenberg.org/nietzsch/willmac2/chap004.html

eindrucksvoll, wie der Intellekt die zügellosen Triebe unter Kontrolle hält. Minotaurus, ein Wesen halb Mensch halb Stier, wird gebändigt, indem er in einem Labyrinth festgesetzt wird. Das daedalische Labyrinth symbolisiert die intellektuelle Leistung, mit der es dem Menschen gelingt, die ungestümen Triebkräfte in Zaum zu halten. In der Antike sieht Nietzsche noch beide Prinzipien mustergültig austariert. In dionysischen Mysterienspielen wurde den Menschen immer wieder der Freiraum gegeben, das Triebhafte auszuleben – in Tanz, Musik und Gesang. Die christliche Religion mit ihrem Fokus auf der (Erb-) Sünde ist für den Dionysos-Jünger Nietzsche eine durch und durch lustfeindliche. Und genau in dieser Blutarmut sieht er den Grund für den Niedergang. Das Christentum, so wertet Nietzsche in seiner biographischen Rückschau „Ecce homo" ernüchternd, bringt nur mehr leere Worthülsen hervor:

*„,Gott', ,Unsterblichkeit der Seele', ,Erlösung', ,Jenseits' lauter Begriffe, denen ich keine Aufmerksamkeit, auch keine Zeit geschenkt habe, selbst als Kind nicht, – ich war vielleicht nie kindlich genug dazu? – Ich kenne den Atheismus durchaus nicht als Ergebniss, noch weniger als Ereigniss: er versteht sich bei mir aus Instinkt. Ich bin zu neugierig, zu fragwürdig, zu übermüthig, um mir eine faustgrobe Antwort gefallen zu lassen. Gott ist eine*

*faustgrobe Antwort, eine Undelicatesse gegen uns Denker, – im Grunde sogar bloss ein faustgrobes Verbot an uns: ihr sollt nicht denken!"*[148]

Auch dem christlichen Kreuztod kann Nietzsche nichts abgewinnen. Er bringt Dionysos als den Gegenpart zum Gekreuzigten ins Spiel. Nietzsche ist überzeugt: Mit dem Ableben kehren wir zurück zur irdischen Urkraft. Daher fordert er die Menschen auf, zur rechten Zeit zu sterben und den eigenen Tod als dionysisches Fest zu begehen[149]. Soweit das Ideal. Nietzsches Dahinsiechen und sein Tod waren alles andere als dionysische Festspiele. Seine Theorie vom Tod bleibt alles in allem diffus und unkonkret. *„Es macht mich glücklich zu sehen, dass die Menschen den Gedanken an den Tod durchaus nicht denken wollen!"*[150] notierte er in seiner „Fröhlichen Wissenschaft". Unangenehmes wird gerne verdrängt, damals wie heute. Und selbst Nietzsche war der Tod nicht geheuer. So berichtet seine Vertraute Lou Andreas-Salomé, *„dass er nur mit leiser Stimme und mit allen Zeichen des Entsetzens vom Tod gesprochen habe."*[151]

---

[148] Friedrich Nietzsche: Ecce homo. In: Friedrich Nietzsche. Um Leib und Leben. Auswahl und einführender Essay von Rüdiger Safranski. O.J.
[149] Vgl. Gehring, aaO, S. 144.
[150] Fröhliche Wissenschaft, 4. Buch 278 (KSA 3, S. 523).
[151] Was ist das für ein Schlaf? In: SPIEGEL 48/1967.

Dem Philosophen bleibt die ungewisse Hoffnung, dass der zukünftige Übermensch die Todesfurcht ein für alle Mal abstreifen wird. Nietzsches Leben endet in geistiger Umnachtung. Der „tolle Mensch" Nietzsche zündet seinen Mitmenschen keine Laternen mehr an, sondern verstummt. *„Manche Menschen werden posthum geboren"*, heißt es in seiner autobiographischen Schrift „Ecce homo" – für den Philosophen Friedrich Nietzsche trifft dies definitiv zu.

# WALTER BENJAMIN, DER MESSIANIST

**Benjamin (geboren am 15.07.1892 in Berlin und gestorben am 26.09.1940 im spanischen Portbou) zählt, neben Theodor W. Adorno und Max Horkheimer, zu einem der bedeutendsten Vertreter der Frankfurter Schule. In seiner Philosophie und seinen Schriften vereint er marxistischen Materialismus mit jüdisch-messianischem Denken. Zeitlebens blieb er ein Nomade. Erst nach seinem Freitod und dem Ende des Zweiten Weltkriegs wurde er berühmt.**

Am Mittwoch, den 25.9.1940, macht sich von Banyuls-sur-Mer aus ein kleiner Trupp auf den beschwerlichen Weg über die französische Grenze. Ihr Ziel ist das wenige Kilometer entfernte spanische Portbou, ein kleines Fischerdorf am Fuße der Pyrenäen. Angeführt wird die Gruppe von der deutsch-jüdischen Flüchtlingshelferin Lisa Fittko. Unter den Flüchtlingen befinden sich die Photographin Henny Gurland mit ihrem 16-jährigen Sohn Joseph sowie der 48-jährige, herzkranke Walter Benjamin. Es ist ein heißer, sonniger Spätsommertag. Die Landschaft ist felsig und karg. Am Horizont, über den nebligen Tälern, erhebt sich eine endlose Silhouette aus Berggipfeln. Auf der anderen Seite funkelt das Mittelmeer. Benjamin hatte sich nach einem Erkundungsgang am Vortag geweigert, nach Banyuls zurückzukehren. Stattdessen verbringt er die Nacht in einem Weinberg.

Obgleich Südfrankreich als „freie Zone" gilt, wimmelt es überall von Kollaborateuren und Spionen. Der jüdische Intellektuelle hat große Angst gefasst und an die Gestapo ausgeliefert zu werden. In aller Frühe erwartet er bereits seine Begleiter. Gemeinsam machen sie sich auf den Weg abseits aller üblichen Pfade. Der herzkranke Benjamin ringt nach Luft und muss immer wieder eine Pause einlegen. Mit sich führt er eine schwere, schwarze Aktentasche. Lisa Fittko will sie ihm abnehmen, doch der Philosoph lehnt dankend ab: *„Wissen Sie, diese Tasche ist mir das Allerwichtigste. Ich darf sie nicht verlieren. Das Manuskript muss gerettet werden. Es ist wichtiger als meine eigene Person."*[152]

Neben dem mysteriösen Manuskript befindet sich in der Tasche auch ein Arsenal an Morphium-Tabletten, das er einzunehmen beabsichtige, sollte er gefasst werden. Genug Morphiumpillen *„um ein Pferd umzubringen"*[153], wie er zuvor in Marseille seinem Freund Arthur Koestler gegenüber gestand. Neun Stunden lang schleppt sich Benjamin über die Berge. Immer wieder blickt er auf die Uhr und macht akribisch alle acht Minuten zwei Minuten Pause, um sich nicht komplett zu verausgaben. Mit diesem Trippelschrittsystem

---

[152] Lorenz Jäger: Walter Benjamin. Das Leben eines Unvollendeten. Berlin 2017. S. 336.
[153] Lorenz, aaO, S. 339.

will er den strapaziösen Grenzübertritt überstehen. Am späten Nachmittag erreichen sie schließlich völlig erschöpft das in einer Bucht gelegene Städtchen Portbou. Der heimliche Grenzübertritt scheint gelungen, der Weg in die Freiheit gebahnt.

Der in Berlin geborene Walter Benjamin ist ein umtriebiger Geist, ein europäischer Intellektueller par excellence. Er reist quer durch den Kontinent, liebt das ausschweifende Leben und verkehrt in Kabaretts und Bordellen. Zudem übersetzt er Proust und Baudelaire ins Deutsche und verfasst Essays sowie Kritiken. Zu seinen Freunden zählen die linken Intellektuellen Max Horkheimer, Theodor W. Adorno und Bertolt Brecht, aber auch der jüdische Gelehrte und Zionist Gershom Scholem. Allerdings gelingt es Benjamin nicht, im akademischen Betrieb Karriere zu machen. Im Jahr 1925 zieht er seine Habilitationsschrift „Ursprung des deutschen Trauerspiels" zurück – zu unorthodox ist sein Stil. Trotz seiner Sympathien für den Sozialismus bleibt er im linken Milieu ein Außenseiter. Auch Scholems Vorschlag, Hebräisch zu lernen und nach Israel auszuwandern, ist für den assimilierten Juden Benjamin keine Option. Zu sehr ist er in der deutschen Sprache und europäischen Kultur verwurzelt. So lebt er weiter unter prekären Umständen, kann sich und seine junge Familie kaum über Wasser halten. Zu seinen Lebzeiten werden nur wenige seiner Schriften publiziert. Im Jahr 1930 geht seine Ehe mit Gerda in die Brüche, und auch seine Affäre mit der lettischen Schauspielerin Asja Lacis ist nicht von Dauer. Als die Nazis 1933 die Macht ergreifen, flüchtet er nach Paris. Hier lernt er Hannah Arendt kennen, die ihm finanziell unter die Arme greift.

Walter Benjamin ist ein Kind seiner Zeit. Er ist fasziniert von der zeitgenössischen Kunst, der modernen Architektur und dem technischen Fortschritt. Ein Umstand, der sich auch in seinen Werken widerspiegelt. 1936 veröffentlicht er seinen Essay „Das Kunstwerk im Zeitalter seiner technischen Reproduzierbarkeit" und erörtert darin die Folgen für die ästhetische Rezeption. Nach Kriegsausbruch 1939 wird Benjamin die deutsche Staatsbürgerschaft entzogen und der nun Staatenlose in Frankreich kurzzeitig interniert. Nach seiner Freilassung schreibt er in Paris an seinem letzten Werk „Über den Begriff der Geschichte". Am 13. Juni 1940, einen Tag vor dem Einmarsch der Wehrmacht, verlassen Tausende Hals über Kopf die Stadt. So auch Benjamin. Zuvor vertraut er noch seinem Freund Georges Bataille ein Bild von Paul Klee und diverse Manuskripte an, die dieser in der Bibliothèque nationale versteckt.

In Marseille erhält Benjamin im amerikanischen Konsulat dank des Einsatzes seiner in den USA lebenden Freunde ein Visum sowie einen provisorischen Pass. Mit diesen Dokumenten im Gepäck beabsichtigt er, über Spanien nach Lissabon zu reisen, um sich dort für die Überfahrt in die USA einzuschiffen.

In Portbou, am frühen Abend des 25. September 1940, findet die Hoffnung auf Ausreise ihr jähes Ende. Die Beamten der Polizeistation eröffnen den Flüchtenden, dass sie laut jüngster Direktive zusätzlich ein französisches Ausreisevisum benötigen. Ohne dieses besondere Dokument werde die Einreise verweigert. Da es schon spät ist, dürfen die Flüchtlinge ausnahmsweise die Nacht vor Ort im Hotel Francia verbringen. Benjamin bekommt ein Einzelzimmer. Sein Atem ist von rasselnden Geräuschen begleitet, was die Hotelnachbarn beunruhigt. Als die besorgte Carina Birman, die am selben Tag mit einer anderen Flüchtlingsgruppe die Grenze passiert hat, das Zimmer Nummer 4 betritt, findet sie dort *„Benjamin in desolater geistiger und körperlicher Verfassung vor"*, wie sie sich rückblickend erinnert. Er erklärt ihr, dass er weder zur Grenze zurückkehren könne, noch das Hotel verlassen würde. Sie antwortet, dass es keine Alternative gebe, doch er widerspricht: *„Er deutete an, dass er einige* *hochwirksame Giftpillen bei sich hätte. Er lag halbnackt auf dem Bett, neben ihm auf einem Beistelltisch lag aufgeklappt seine sehr schöne goldene Großvateruhr, auf die er ständig blickte."*[154]

Am nächsten Morgen sucht Henny Gurland Benjamin auf, um sich nach dessen Befinden zu erkundigen. Dieser eröffnet ihr, *„dass er abends um zehn Uhr große Mengen an Morphium genommen habe und ich versuchen solle, die Sache als Krankheit darzustellen. Er gab mir einen Brief an mich und Adorno. Dann verlor er das Bewusstsein. Ich rief einen Arzt, der einen Gehirnschlag feststellte. Ich habe dringend gebeten, Benjamin nach Figures in ein Krankenhaus zu bringen. Doch der Arzt lehnte alle Verantwortung dafür ab, da Benjamin schon ein Sterbender sei."*[155]

Sein letzter Brief, auf Französisch abgefasst, besteht aus wenigen Zeilen:

*„In einer ausweglosen Situation habe ich keine andere Wahl, als Schluss zu machen. In einem kleinen Dorf in den Pyrenäen, wo mich niemand kennt, werde ich mit dem Leben abschließen. Ich bitte Sie, meinem Freund Adorno mein Angedenken zu übermitteln und ihm die Situation zu erklären, der ich mich ausgesetzt*

---

[154] Jeremy Harding reviews 'The Narrow Foothold' by Carina Birman. In: London Review of Books vom 19. Juli 2007.
[155] Lorenz, aaO, S.340.

*sehe. Es bleibt mir nicht mehr genügend Zeit, um all die Briefe zu schreiben, die ich gerne geschrieben hätte.*"[156]

Walter Benjamin stirbt am 26. September 1940, gegen 22 Uhr. Die Sterbeurkunde nennt eine Gehirnblutung als Todesursache.[157] Da sich in seiner Aktentasche auch ein Empfehlungsschreiben eines französischen Dominikaners befindet, erhält Benjamin nach katholischem Ritus die letzte Ölung und eine Totenmesse. Die übrigen Flüchtlinge, denen die jüdische Herkunft des Verstorbenen wohl bekannt gewesen sein dürfte, hüllen sich in Schweigen. Am 1. Oktober 1940 wird dem dialektischen Denker post mortem seine letzte materielle Rechnung ausgestellt: *„Fünf Zitronensprudel, vier Telefonate, Einkleiden der Leiche, Weißen der Wände [...]*"[158] – die Schulden belaufen sich unterm Strich auf 263 Peseten und 60 Centimos. Mit dem Rest des Geldes, das Benjamin bei sich trug, werden die Kosten für die Gebühren eines Wandgrabes auf dem Friedhof von Portbou beglichen. Das Geld reicht für fünf Jahre. Danach werden die Gebeine in ein anonymes Massengrab überführt.

---

[156] Quelle: https://didierlong.com/2013/08/20/walter-benjamin-a-portbou-fin-de-lhistoire/
[157] Helmut Wiesenthal: Portbou – Walter Benjamins letzte Station. 2011. Quelle: hwiesenthal.wordpress.com
[158] DIE ZEIT, Nr. 21/1994. Passage und letzte Station. Ohne Autorenangabe.

Das Manuskript, das Benjamin bei sich führte, bleibt verschollen. Wenn es sich dabei, wie nicht wenige vermuten, um eine Abschrift seines letzten Werkes „Über den Begriff der Geschichte" gehandelt hatte, dann hat das Original dank Georges Bataille die Kriegswirren unbeschadet in den Beständen der französischen Nationalbibliothek überstanden. Nach dem Krieg editieren Adorno und Scholem zahlreiche seiner Werke, und der einst glücklose Benjamin avanciert posthum zu einem der populärsten Denker des 20. Jahrhunderts.

Im Jahr 1994 wird Benjamin in Portbou ein Denkmal gesetzt. Von zwei massiven Stahlwänden flankierte Treppenstufen führen direkt hinab in die Meeresbrandung. Eine Glaswand unterbricht abrupt diese „Passage". Auf ihr eingraviert findet sich ein Zitat aus „Über den Begriff der Geschichte" (1940):

*„Schwerer ist es, das Gedächtnis der Namenlosen zu ehren als das der Berühmten. Dem Gedächtnis der Namenlosen ist die historische Konstruktion geweiht."*[159]

---

159 Wiesenthal, aaO.

# Die humanistische Apokalypse

Für Karl Marx ist Religion „Opium des Volks" und Gott eine Erfindung des Menschen. Religion hat nur einen Zweck: tradierte Machtstrukturen und Herrschaftssysteme zu legitimieren. Der Marxismus macht damit Schluss. Der Kommunismus strebt eine klassenlose Gesellschaft an, in der die Herrschaft des Menschen über den Menschen aufgehoben ist. Im dialektischen Materialismus wird alles Metaphysische und Transzendente aufgelöst. Für Gott und seine gläubigen Junkies ist in diesem post-kapitalistischen Paradies kein Platz. Es ist daher wenig verwunderlich, dass sich linke Intellektuelle zu jener Zeit kaum für theologische oder eschatologische Sachfragen interessieren. Religion spielt in der Philosophie des beginnenden 20. Jahrhunderts nur eine untergeordnete Rolle. Im Zentrum ihrer Betrachtung steht die Gesellschaft, in die das Individuum zufällig hineingeboren wird. Diese Gesellschaftsordnung ist demnach nicht gottgegeben, sondern durch Prozesse beeinflussbar.

Georg Friedrich Wilhelm Hegel interpretierte seinerzeit die Weltgeschichte als Fortschrittsgeschichte, in der sich der „Weltgeist" (d.h. die absolute Vernunft) verwirklicht.

Historische Prozesse verlaufen dialektisch, sprich nicht frei von Widersprüchen. Im Hintergrund wirkt jedoch stets die absolute Vernunft. „Alles, was vernünftig ist, wird auch wirklich", resümiert Hegel. Karl Marx und Friedrich Engels gehen noch einen Schritt weiter. Bislang habe die Philosophie die Welt nur interpretiert, nun sei es an der Zeit, sie zu verändern. Sie übertragen Hegels Dialektik auf die Geschichte selbst. Sie sehen den grundlegenden Widerspruch zwischen der arbeitenden Klasse und den Eigentümern von Produktionsmitteln, also den Kapitalisten. Diesen dialektischen Widerspruch wollen Kommunisten aktiv auflösen. Der Klassenkampf ist dabei das Mittel der Wahl.

Benjamins eigenwilliges Denken weist zwei große Brüche zu den vorherrschenden Theorien seiner Zeit auf. Einerseits bedauert er, dass der Marxismus gänzlich auf die Theologie verzichtet, hätten doch beide vereint eine stärkere Schlagkraft. Andererseits ist für ihn die Geschichtszeit kein Kontinuum, sondern geprägt von Brüchen, von Diskontinuitäten. Es ist interessant, dass gerade der Zeitbegriff zu Beginn des 20. Jahrhunderts vor allem in den Naturwissenschaften neu gedeutet wird. Albert Einstein zeigte im Jahr 1915 in seiner allgemeinen Relativitätstheorie, dass Raum und Zeit keine physikalischen Konstanten sind, sondern auf das Universum bezogen lediglich relative Bezugsgrößen. Im Mikrokosmos operiert die Quantenmechanik nach Werner Heisenberg anstelle von Gewissheiten mit Wahrscheinlichkeiten. Neue Zeitkonzepte, die Benjamin zweifellos beeinflusst haben. Allerdings stellt er dem positiven, vernunftgesteuerten Fortgang der Zeitgeschichte, wie ihn Hegel im Sinn hatte, ein pessimistisches, theozentrisches Konzept entgegen. Es ist insbesondere das Bild von Paul Klee, eben jene Zeichnung, die er in Paris Georges Bataille zur Aufbewahrung überlassen hatte, welches ihn zu dieser originellen Interpretation von Geschichtszeit aus göttlicher Perspektive anregt. In „Über den Begriff der Geschichte" (1940) stellt er in These IX fest:

*„Es gibt ein Bild von Klee, das Angelus Novus heißt. Ein Engel ist darauf dargestellt, der aussieht, als wäre er im Begriff, sich von etwas zu entfernen, worauf er starrt. Seine Augen sind aufgerissen, sein Mund steht offen und seine Flügel sind ausgespannt. Der Engel der Geschichte muss so aussehen. Er hat das Antlitz der Vergangenheit zugewendet. Wo eine Kette von Begebenheiten vor uns erscheint, da sieht er eine einzige Katastrophe, die unablässig Trümmer auf Trümmer häuft und sie ihm vor die Füße schleudert. Er möchte wohl verweilen, die Toten wecken und das Zerschlagene zusammenfügen. Aber ein Sturm weht vom Paradiese her, der sich in seinen Flügeln verfangen hat und so stark ist, dass der Engel sie*

*nicht mehr schließen kann. Dieser Sturm treibt ihn unaufhaltsam in die Zukunft, der er den Rücken kehrt, während der Trümmerhaufen vor ihm zum Himmel wächst. Das, was wir den Fortschritt nennen, ist dieser Sturm."*[160]

Benjamin teilt die pessimistische Diagnose des paralysierten Engels. Dort, wo Menschen Fortschritt erkennen, sieht er wie der Engel nur ein Trümmerfeld. Im Gegensatz zur historischen Geschichtszeit, die als Kontinuum verstanden wird, kommt die göttliche Zeit ex futuro, aus der Zukunft. Geschichte hat folglich für Benjamin stets auch eine theologische Dimension. *„Er [der Historiker] begründet so einen Begriff der Gegenwart als der >Jetztzeit<, in welcher die Splitter der messianischen eingesprengt sind."*[161] Diese Einsprengsel der messianischen Zeit in die Jetztzeit sind nichts anderes als die Hoffnungsschimmer auf eine zukünftige Erlösung. In seinen fragmentarischen Schriften schlägt er den ganz großen Bogen – vom Sündenfall bis zum Beginn der messianischen Zeit. Der Sturm, der vom Paradies aus weht, ist nichts anderes als Gottes Zorn über den menschlichen

---

[160] Walter Benjamin: Gesammelte Schriften, hg. von R. Tiedemann u. H. Schweppenhäuser, Frankfurt 1980, Band I.2: Abhandlungen. S. 697 f.
[161] Benjamin, Über den Begriff der Geschichte, Anhang A. Zit. nach Ronald Engert: Walter Benjamins >Theologisch-politische Fragment<. Die Bedeutung der Zeit und die Integration von profaner und heiliger Ordnung. 2017. S. 14.

Sündenfall. Die Geschichte ist bekannt: Adam und Eva übertreten das göttliche Verbot, Früchte vom Baum der Erkenntnis zu essen, und werden aus dem Paradies verbannt. Dies markiert den Beginn der Geschichtszeit. Seitdem lebt die Menschheit im Zustand der Sünde. Schuld ist das Leitmotiv der Geschichtszeit und wirkt über die Generationen hinweg. Für Benjamin ist *„jedes weltgeschichtliche Moment verschuldet und verschuldend"*.[162] Erst ein aktives Streben der Menschen nach Erlösung kann diese fatale Dynamis unterbrechen. Dann öffnet sich *„die kleine Pforte, durch die der Messias eintreten kann."*[163]

Benjamin konkretisiert diesen messianischen Gedanken in seinem „Theologisch-politischen Fragment":

*„Erst der Messias selbst vollendet alles historische Geschehen, und zwar in dem Sinne, dass er dessen Beziehung auf das Messianische selbst erst erlöst, vollendet, schafft. Darum kann nichts Historisches von sich aus sich auf Messianisches beziehen wollen. Darum ist das Reich Gottes nicht das Telos der historischen*

---

[162] Andreas Greiert: Geschichte als Katastrophe. Zu einem theologisch-politischen Motiv bei Walter Benjamin. In: Zeitschrift für Religions- und Geistesgeschichte. 2012. S. 365.
[163] Roland Faber: Messianische Zeit. Zu Walter Benjamins „mystischer Geschichtsauffassung" in zeittheologischer Perspektive. S. 72.

*Dynamis; es kann nicht zum Ziel gesetzt werden. Historisch gesehen ist es nicht Ziel, sondern Ende."*[164]

Mit der Ankunft des Messias endet das profane Leben schlagartig, *„um Anderem und Besserem Platz zu machen."*[165] Wie die neue messianische Endzeit genau aussieht und wann sie eintritt, das kann der Mensch, der in Schuld und Geschichtszeit verstrickt ist, nicht wissen.

Dennoch, und darin liegt der revolutionäre Moment, wird durch die Ankunft des Messias aktiv und rückwirkend in die Geschichtszeit eingegriffen. Das geschehene Unrecht wird rückwirkend vergolten. Benjamin beschreibt den Anbruch der messianischen Zeit deshalb als *„Tigersprung ins Vergangene"*, der dann allerdings nicht mehr *„in einer Arena statt[findet], in der die herrschende Klasse kommandiert. Derselbe Sprung unter dem freien Himmel der Geschichte ist der dialektische, als den Marx die Revolution begriffen hat."*[166] Für Benjamin steht die messianische Endzeit im Einklang mit der marxistischen Verwirklichung der klassenlosen Gesellschaft. In ihr ist der Kapitalismus ebenfalls überwunden. Im Gegensatz

---

[164] Walter Benjamin: Gesammelte Schriften, Band I-VII, unter Mitwirkung von Theodor W. Adorno und Gershom Scholem, hg. von R. Tiedemann u. H. Schweppenhäuser, Frankfurt am Main 1972 ff., Band II. S. 203.
[165] Greiert, aaO.
[166] Walter Benjamin: Gesammelte Schriften, Band 1, Frankfurt a.M. 1991. S. 701.

zum Kommunismus verspricht die messianische Endzeit Erlösung für alle – und zwar nicht nur für die Lebenden (der Zukunft), sondern auch für die Toten (der Vergangenheit). Mit dem „Tigersprung ins Vergangene" werden rückwirkend alle Unterdrückten und Entrechteten rehabilitiert. Sah einst Hegel in Napoleon Bonaparte noch „den verkörperten Weltgeist", so richtet Benjamin das Augenmerk auf die vielen Namenlosen, denen Unrecht widerfahren ist und die in den Geschichtsbüchern unerwähnt bleiben.

Doch dass dieses messianische Zeitalter unmittelbar vor der Tür steht, daran mag Benjamin im Jahr 1940 nicht glauben. In seinem letzten Manuskript „Der Begriff der Geschichte", das er unter größter Anstrengung in seiner Aktentasche über die Pyrenäen schleppt, findet sich folgende trostlose Zeitdiagnose:

*„Daß es ‚so weiter' geht, ist die Katastrophe. [...] die Hölle ist nichts, was uns bevorstünde – sondern dieses Leben hier."*[167]

Wenn das Leben auf Erden als Hölle erfahren wird, verliert der Tod seinen Schrecken. Er ist lediglich das abrupte Ende. *„Über einen Toten erst recht"*, schreibt er, *„hat niemand*

---

[167] Greiert, aaO, S. 373.

*mehr Gewalt.“*[168] Die Gewalt des Menschen über den Menschen, die der Marxismus anprangert, findet im Tod ihr Ende. Der Tote entzieht sich der historischen Dynamis und den herrschenden Machtstrukturen. Nach dem Zweiten Weltkrieg wird Benjamin posthum rehabilitiert und sein Werk publiziert. Ihm erfährt in gewisser Weise als Philosoph Gerechtigkeit. Wirkt hier die schwache messianische Kraft, die den Entrechteten zu ihrem Recht verhilft? Es wäre zumindest ein schwacher Trost.

---

[168] DIE ZEIT, Nr. 21/1994. Passage und letzte Station. Ohne Autorenangabe.

# LUDWIG WITTGENSTEIN, DER MYSTIKER

**Die Sprache war sein Schlachtfeld. Zu Beginn widmete sich Ludwig Wittgenstein (geboren am 26.04.1889 in Wien, gestorben am 29.04.1951 in Cambridge) der Frage, was sich sinnvollerweise mittels der Sprache überhaupt sagen lässt. In seiner Spätphilosophie wollte er „der Fliege den Ausweg aus dem Fliegenglas zeigen". Nun ging es ihm um das Unaussprechliche, das er durch das Abschreiten der Grenzlinie von innen her erkundete. Mit seinen Schriften zur Logik und Sprache hat Wittgenstein die Philosophie des 20. Jahrhunderts nachhaltig geprägt.**

„Good!" – antwortet Wittgenstein kurz und bündig, als Dr. Edward Bevan ihm mitteilt, dass er nur noch wenige Tage zu leben habe. Es ist Freitag, der 27. April 1951. Ein Tag zuvor beging Wittgenstein hier in Cambridge unspektakulär seinen 62. Geburtstag. Er wollte keine Gratulanten, keine Geschenke, es gebe nichts mehr zu feiern. Stattdessen ging er spazieren und arbeitete an seinen Manuskripten. Über Nacht hat sich dann sein Gesundheitszustand dramatisch verschlechtert. Etwa ein Jahr zuvor hatte der Allgemeinmediziner bei ihm einen bösartigen Prostatatumor festgestellt. Da der Krebs bereits gestreut hat, sind die Heilungschancen gering. Wittgenstein hingegen zeigt sich erleichtert über die letale Diagnose:

*„Ich war keineswegs erschrocken, als ich erfuhr, dass ich Krebs habe, aber ich war's, als ich erfuhr, dass man dagegen etwas unternehmen könne, denn ich hatte nicht den Wunsch weiterzuleben."*[169]

Eine medizinische Behandlung mit ungewissem Ausgang lehnt er ab. Fügt sich hier ein großer Denker stoisch seinem unausweichlichen Schicksal? Vielleicht hat Wittgenstein auch den Krebstod seines eigenen Vaters vor Augen. Sein Vater war 66 Jahre alt, Wittgenstein gerade 24 Jahre. In einem Brief vom 21. Januar 1913 an seinen philosophischen Ziehvater Bertrand Russell schrieb er:

*„Gestern Nachmittag ist mein Vater gestorben. Er hatte den schönsten Tod, den ich mir vorstellen kann; ohne die mindesten Schmerzen schlief er ein wie ein Kind. Während der ganzen letzten Stunden war ich keinen Augenblick traurig, sondern voller Freude, und ich glaube, dieser Tod war ein ganzes Leben wert."*[170]

Ludwig Wittgenstein ist der achte und jüngste Sohn einer der reichsten Familien Österreichs. Sein Vater Karl hatte es im Stahlgeschäft zum Milliardär gebracht. In ihrem Wiener

---

[169] Quelle: www.fr.de/kultur/literatur/sentimentale-erinnerung-wittgenstein-heidegger-11085410.html
[170] Ray Monk: Wittgenstein. Das Handwerk des Genies. Stuttgart 1992. S. 89.

Palais in der Alleegasse[171] gingen die Größen der Zeit ein und aus, darunter Johannes Brahms, Gustav Mahler und Gustav Klimt. Im Verlauf der Zeit wird die Familie mit jüdischen Wurzeln jedoch von zahlreichen Schicksalsschlägen hart getroffen: Drei seiner Brüder begehen früh Selbstmord, sein Vater und eine Schwester erliegen dem Krebs. Sein Bruder Paul verliert im Ersten Weltkrieg einen Arm und bringt es später dennoch zu einem virtuosen Konzertpianisten. Auch an Ludwig zieht der Erste Weltkrieg nicht spurlos vorüber. Als Freiwilliger geht er an die Ostfront. Zunächst patrouilliert er auf einem Boot auf der Weichsel, später meldet er sich zu gefährlichen Kundschafterdiensten. In dieser Todeszone findet Wittgenstein zurück zu einer tiefen Religiosität. Er liest Tolstoi und Dostojewski – und vollendet in kurzen, durchnummerierten Absätzen seine erste philosophische Abhandlung, die ihn später in den Olymp der zeitgenössischen Philosophie katapultieren wird. Der Titel des schmalen Bändchens lautet: Tractatus logico-philosophicus[172] (T). Und im Vorwort heißt es selbstbewusst wie doppelbödig:

---

[171] Heute Argentinierstraße 16 im 4. Wiener Gemeindebezirk.
[172] So lautete der Titel der Erstveröffentlichung 1921. Wittgenstein selber sprach immer von der „Logisch-philosophischen Abhandlung".

*„Ich bin also der Meinung, die Probleme im Wesentlichen end-*
*gültig gelöst zu haben. Und wenn ich mich hierin irre, so besteht*
*nun der Wert dieser Arbeit zweitens darin, dass sie zeigt, wie*
*wenig damit getan ist, dass die Probleme gelöst sind."*

Vor dem Ersten Weltkrieg studierte Wittgenstein in Manchester Ingenieurwesen. Im Rahmen seiner Studien vertiefte er sich in die Grundlagen der Mathematik und kam so in Kontakt zum englischen Mathematiker, Philosophen und späteren Nobelpreisträger Bertrand Russell. Analytisches Denken und formale Logik beherrschen die philosophische Debatte in der angelsächsischen Welt. Zeitgenössische Denker wie Russell und Gottlob Frege entwickeln auf Basis der formalen Logik eine Idealsprache, welche die Ungenauigkeit und Vieldeutigkeit der Alltagssprache überwinden soll. Wittgenstein ist von diesen theoretischen Überlegungen angefixt. Jetzt wird er zum Sprachingenieur, der die Möglichkeiten und Grenzen der Sprache neu auslotet. Und in diesem Sinne beginnt sein Traktat mit der knappen Feststellung: *„Die Welt ist alles, was der Fall ist."* (T 1)

Innerhalb einer formalen Idealsprache ergeben nur naturwissenschaftliche Aussagen einen Sinn. Mit ihnen lassen sich die Welt und die Tatsachen klar und eindeutig beschreiben – und das umfänglich. Fragen nach dem

Transzendenten, dem Göttlichen, der Ethik und Ästhetik sind für Wittgenstein schlicht ‚unsinnig'. Denken ist an Sprache gebunden, es geschieht immer *in* der Sprache. Das Transzendente gehört nicht zu dem, „was der Fall ist". Es liegt außerhalb des Sagbaren, außerhalb des Horizontes, worüber man sinnvollerweise sprechen könnte. Denn um diese philosophischen Gedanken zu verifizieren, müsste man einen Standpunkt außerhalb der Sprache einnehmen, was nach Wittgenstein schlicht unmöglich ist.

Während viele Denker in der Sprache nur ein Werkzeug des Verstandes sehen, mit dem sich alle möglichen Gedanken auszudrücken lassen, sieht Wittgenstein in ihr zuvorderst eine Begrenzung des Verstandes. Und so schreibt er in seinem Traktat so wundervolle Sätze wie: *„Die Grenzen meiner Sprache bedeuten die Grenzen meiner Welt."* (T 5.6) und endet mit der Erkenntnis: *„Worüber man nicht sprechen kann, darüber muss man schweigen."* (T 7)

Kaum vollendet, schickt er am 13. März 1919 sein Werk an Russell. In einem Begleitschreiben merkt er an:

*„Ich habe ein Buch geschrieben mit dem Titel ‚Logisch-philosophische Abhandlung'* ... Niemand *wird es verstehen, obgleich ich denke, dass alles kristallklar ist."*[173]

Mit dem Tractatus ist für Wittgenstein sein Ausflug in die Philosophie beendet. Alles, was es zu sagen gab, ist gesagt. Fürs Erste. Privat vollzieht Wittgenstein einen weiteren radikalen Schnitt. Er trennt sich von seinem millionenschweren Erbe und überträgt es seinen Geschwistern. Fortan führt er ein asketisches Leben und verdingt sich als Volksschullehrer in österreichischen Dörfern. Von seinem Vermögen ist ihm allein eine eigens erbaute Holzhütte in Norwegen geblieben – keiner der Geschwister wollte sie haben. In dieses einsame Bergidyll am Fjord zieht es ihn zeitlebens immer wieder hin zurück. Nicht selten in Begleitung eines jungen Freundes. So im September 1913 mit David Pinsent, dem wichtigsten Freund und Lebensmenschen, der jedoch 1918 frühzeitig verstirbt. Ohne Frage, Wittgenstein hat ein Faible für junge Männer. Ob der Philosoph jedoch in einer Art Doppelleben seine homosexuellen Neigungen hemmungslos auslebte, wie es der Biograph William W. Bartley III mutmaßt, oder ob er – inspiriert von Otto Weiningers

---

[173] Erich H. Reck: From Frege to Wittgenstein: Perspectives on Early Analytic Philosophy. Oxford University Press, 2001. S. 374.

„Geschlecht und Charakter" (1903) – möglichst sexuell enthaltsam lebte und tatsächlich nur platonische Männerfreundschaften anstrebte, bleibt offen. Vielleicht war er auch einfach nur verklemmt. So notierte er noch als 48-Jähriger: *„Heute Nacht onaniert. Wie schlecht ist es? Ich weiß es nicht. Ich denke mir, es ist schlecht, aber habe keinen Grund."*[174] Für Wittgenstein hat alles Sinnliche und Erotische stets etwas Beunruhigendes und Schuldhaftes an sich.

Erst im Jahr 1929 betritt Wittgenstein wieder die philosophische Bühne. Seine erneute Ankunft in Cambridge wird zum Ereignis. *„Gott ist angekommen, ich traf ihn im Fünf-Uhr-Fünfzehnzug"*[175], notiert der Mathematiker und Ökonom John Maynard Keynes. Wittgenstein erlangt Kultstatus. Sein Tractatus wird als Doktorarbeit anerkannt und er erhält einen Lehrauftrag. Dennoch bleibt sein Stil unorthodox. Weder lehrt er Philosophie im klassischen Sinne, noch vertritt er selbst ein philosophisches System. Seine Seminare und Vorlesungen gleichen vielmehr sokratischen Dialogen. Wittgenstein läuft herum, hält inne, schweigt, blickt auf und fuchtelt mit den Händen in der Luft. Hier kann man einem Exzentriker beim Philosophieren zusehen, wie er im Kreise

---

[174] Quelle: SPIEGEL 21/1992, S. 261.
[175] Wolfram Eilenberger: Zeit der Zauberer. Das große Jahrzehnt der Philosophie 1919-1929. Stuttgart 2018. S. 15.

seiner Studenten um Fragen und Antworten ringt. Nun rückt jedoch der Gebrauch der Sprache im Alltag in den Fokus seiner philosophischen Überlegungen. Er vollzieht das, was später der „linguistic turn" genannt wird. In seinen „Philosophischen Untersuchungen" (PU), seinem Spätwerk, an dem er bis zu seinem Tod schreiben und das erst 1953 posthum erscheinen wird, geht es ihm um einen *„Kampf gegen die Verhexung unseres Verstandes durch die Mittel unserer Sprache."* (PU 109)

Die Verwendung von Sprache ist häufig ungenau und vieldeutig, was nicht selten zu Missverständnissen führt. Philosophen gebrauchen über Jahrhunderte hinweg dieselben Wörter (z.B. Seele, Vernunft, Idee), meinen jedoch mit denselben Begriffen zum Teil ganz unterschiedliche Dinge. Genau dieser Verhexung des Verstandes sagt Wittgenstein nun den Kampf an. Für Wittgenstein haben einzelne Wörter per se keine Bedeutung im eigentlichen Sinne. Sie müssen vielmehr mit Bedeutung erst aufgefüllt werden wie eine leere Teekanne mit einem Heißgetränk. Oder präziser formuliert: *„Die Bedeutung eines Wortes ist sein Gebrauch in der Sprache".* (PU 43)

Ein Wort erlangt erst in seinem konkreten Kontext seine spezielle Bedeutung. Und der Kontext, in dem ein Wort verwendet wird, kann sehr unterschiedlich sein. So hat die Aufforderung „Schieß!" auf einem Sportplatz eine ganz andere Bedeutung als an der Front. Gleichzeitig macht das Beispiel deutlich, wie eng Sprechen und Handeln miteinander verbunden sind. Wittgenstein betont den spielerischen Charakter von Sprache:

*„Ich werde auch das Ganze: der Sprache und der Tätigkeiten, mit denen sie verwoben ist, das >Sprachspiel< nennen."* (PU 7)

Nach so vielen tiefschürfenden Gedanken sehnt sich auch ein Philosoph nach etwas Zerstreuung. Wittgenstein geht dann ins Kino, er liebt amerikanische Western. Außerdem liest er für sein Leben gerne amerikanische Detektiv-Groschenheftchen. Hierin findet er zuweilen mehr Weisheiten als in philosophischen Fachzeitschriften, wie er einmal ironisch anmerkt.[176]

Nach dem Anschluss Österreichs an das Deutsche Reich im Jahr 1938 nimmt Wittgenstein die britische Staatsbürgerschaft an. Ein Jahr später wird er zum Professor berufen und übernimmt den renommierten Lehrstuhl für Philosophie an

---

[176] So schrieb Wittgenstein an seinen ehemaligen Schüler Norman Malcom, nachdem dieser ihm ein Päckchen mit Detektiv-Heftchen aus Amerika zugesandt hatte: „Wenn die Philosophie irgendetwas mit Weisheit zu tun hat, so gibt es sicherlich kein Körnchen davon in ‚Mind', aber sehr oft in den Detektivgeschichten." Quelle: SPIEGEL 22/1961. S. 87.

der Universität Cambridge. Jedoch hat Wittgenstein immer wieder mit schweren Depressionen zu kämpfen. So notiert er 1940 in seinem Tagebuch: *„Ich fühle mich mehr tot als lebendig. Ich habe das Gefühl, dass mein Leben ein hässliches Ende nehmen wird."*[177] Erschöpft gibt er im Oktober 1947 seine Lehrtätigkeit auf und zieht sich nach Irland zurück. Trotz seiner Krebsdiagnose im Jahr 1949 unternimmt Wittgenstein im Herbst 1950 eine erneute Reise nach Norwegen, diesmal in Begleitung des jungen Medizinstudenten Ben Richards. Er will sich endgültig hier niederlassen. Doch schon fünf Wochen später zwingt ihn sein schlechter Gesundheitszustand zur Rückkehr nach Cambridge. Da er nicht in ein Hospital gehen möchte, nimmt Dr. Bevan den Philosophen bei sich auf. Seine Gattin hat anfangs große Bedenken, doch schnell freundet sich die alte Dame mit dem eigenwilligen Gast an. Bis zuletzt arbeitet Wittgenstein an seinen Manuskripten. Die Bandbreite seiner Gedanken ist enorm: Farben, Psychologie, Musik oder Kunst. Es gibt kaum etwas, über das er nicht sinniert und Notizen verfasst. Per Testament bestimmt er seine engsten Vertrauten zu seinen Nachlassverwaltern. Diese haben es später mit über 20.000 Manuskriptseiten zu

---

[177] Edward Kanterian: Ludwig Wittgenstein. 2007. S. 187.

tun, die sie nach und nach sortieren und editieren werden. Eine wahre Herkulesaufgabe.

Am Abend des 28. April 1951 fällt Wittgenstein in ein Koma. Am nächsten Tag ist er tot. Maurice Drury erinnert sich wie folgt:

*„Ich war nur wenige Tage zurück in Dublin, als ich eine telefonische Nachricht von Dr. Bevan erhielt und er sagte, dass Wittgenstein im Sterben liege und ich kommen solle. Ich brach sofort auf. Als ich am Haus ankam, erwartete mich Dr. Bevan bereits an der Tür und teilte mir mit, dass Miss Anscombe, Richards und Smythies schon da seien. Smythies hatte einen dominikanischen Priester mitgebracht, den Wittgenstein von früher kannte. Als sie ankamen, war Wittgenstein bereits bewusstlos. Niemand wollte entscheiden, ob der Priester die üblichen Sterbesakramente und die letzte Absolution erteilen sollte. Ich erinnerte mich an eine Gegebenheit, als Wittgenstein gehofft hatte, seine katholischen Freunde würden für ihn beten, und plötzlich anmerkte, dass das, was üblicherweise getan werde, getan werden solle. Anschließend gingen wir alle hinauf in Wittgensteins Zimmer und knieten nieder, während der Priester die gebührenden Gebete sprach. Kurz darauf stellte Dr. Bevan den Tod Wittgensteins fest. Dann herrschte große Ratlosigkeit, welche Vorkehrungen für die Beerdigung zu treffen seien. Niemand war in der Lage, eine Entscheidung zu fällen. Ich erinnerte mich, dass mir Wittgenstein einmal von einem*

*Ereignis aus Tolstois Leben erzählt hatte. Als Tolstois Bruder gestorben war, rief Tolstoi, der stets einer der schärfsten Kritiker der russischen orthodoxen Kirche war, nach einem Priester und ließ seinen Bruder nach orthodoxem Ritus bestatten. ‚Ich hätte in einem ähnlichen Fall genauso gehandelt‘, sagte Wittgenstein. Als ich dies erwähnte, waren sich alle einig, dass alle üblichen katholischen Gebete von einem Priester am Grabe gesprochen werden sollten. So war es tags darauf geschehen. Aber ich bin mir seitdem nicht sicher, ob das, was wir damals getan haben, richtig war."*[178]

Wittgenstein war religiös, allerdings nie im kirchlich-orthodoxen Sinn. Für ihn war Religiosität kein Gemeinschaftserlebnis unter Gläubigen, kein konfessionelles Bekenntnis, sondern eine spirituelle Lebensform. Seinen katholischen Freunden sagte er einmal, er könne „*sich unmöglich dazu durchringen, das zu glauben, was sie alles glauben.*"[179]

Ob eine Bestattung nach katholischem Ritus tatsächlich in seinem Sinn gewesen ist? Dury hatte seine Zweifel. Wie dem auch sei, Wittgenstein scheint seinen Frieden mit sich und der Welt gemacht zu haben. Kurz bevor er das

---

[178] Miles Hollingworth: Wittgenstein. Oxford University Press 2018. S. 37.
[179] Norman Malcolm: Ludwig Wittgenstein: A memoir. 1984. S. 60.

Bewusstsein verlor, bat er Mrs. Bevan, seinen Freunden Folgendes mitzuteilen: *„Tell them, I have had a wonderful life.“*[180]

[180] Ebd.

# Annäherungen an das Unaussprechliche

*„Der Sinn der Welt muss außerhalb ihrer liegen"* (T 6.41)
stellt Wittgenstein im Traktat fest. Und in seinen Tage-
büchern notiert er: *„Den Sinn des Lebens, d. i. den Sinn der Welt,
können wir Gott nennen." (TB 167).* Da dieser Sinn oder Gott
außerhalb der Welt liegt, kann er sprachlich nicht erfasst
werden. *„Darum kann es auch keine Sätze der Ethik geben. Sätze
können nichts Höheres ausdrücken." (T 6.42)*

Eine unmissverständliche Absage an alle Moraltheolo-
gen und philosophischen Welterklärer, die sich anmaßen,
genau zu wissen, was Gott uns sagen will, worin der Sinn
des Lebens besteht und wie wir zu leben haben. Dennoch
spürt Wittgenstein intuitiv, dass das Nicht-Sagbare damit
nicht vom Tisch ist. Im Herbst 1919 sendet er seinem Wiener
Freund Ludwig von Ficker ebenfalls eine Kopie des Traktats
und erläutert im Begleitbrief:

*„Der Sinn des Buches ist ein ethischer. Ich wollte einmal in das
Vorwort einen Satz geben [...] den ich Ihnen aber jetzt schreibe,
weil er Ihnen vielleicht ein Schlüssel sein wird: Ich wollte nämlich
schreiben, mein Werk bestehe aus zwei Teilen: aus dem, der hier
vorliegt, und aus alledem, was ich nicht geschrieben habe. Und
gerade dieser zweite Teil ist der Wichtige. Es wird nämlich das*

*Ethische durch mein Buch gleichsam von Innen her begrenzt; und ich bin überzeugt, dass es, streng, NUR so zu begrenzen ist."*[181]

Tritt im Tractatus klammheimlich die Metaphysik durch die Hintertür wieder hinein? Ist das Unausgesprochene – unausgesprochen – im Ausgesprochenen enthalten? Der religiös-mystische Aspekt im Denken Wittgensteins unterscheidet ihn fundamental von den analytischen Denkern seiner Zeit. Und so wundert es nicht, wenn Friedrich Waismann, ein Mitglied des „Wiener Kreises", klagt:

*„Wittgenstein ist die große Enttäuschung meines Lebens. Er ist völlig ins Lager der Dunkelmänner übergegangen."*[182]

Auch Russell ist sichtlich irritiert:

*„Aus seinem Buch hatte ich schon einen Anflug von Mystik herausgespürt, war aber doch erstaunt, als ich herausfand, dass er ganz zum Mystiker geworden ist. Er liest solche Leute wie Kierkegaard und Angelus Silesius und denkt ernsthaft darüber nach, Mönch zu werden."*[183]

---

[181] Brief von Wittgenstein an Ludwig von Ficker im Herbst 1919. Zit. nach Helmut Gumnior: Philosophen: Alles, was der Fall ist. In: SPIEGEL 02/1984. S. 145.

[182] Wilhelm Baum: Ludwig Wittgenstein und die Religion. In: Philosophisches Jahrbuch 1986. S. 273.

[183] So Bertrand Russell in einem Brief an Lady Ottiline vom 20.12.1919. Quelle: Russ Nieli: Mysticism, Morality and the Wittgenstein Problem. In: Archiv für Religionsgeschichte, Band 9. 2010. S. 83.

Im dänischen Philosophen Søren Kierkegaard (1813–1855) scheint Wittgenstein so etwas wie einen Seelenverwandten gefunden zu haben. Dieser ist ebenfalls zutiefst religiös und gleichzeitig einer der schärfsten Kritiker der offiziellen Kirche. Für Kierkegaard ist Religion keine Theorie oder Lehre, sondern eine „Existenzmitteilung"[184], oder wie Wittgenstein sagen würde, eine „Lebensform". Kierkegaard stellt fest: *„Der Glaube beginnt gerade da, wo das Denken aufhört."* [185] Ein Satz, der so auch aus der Feder Wittgensteins stammen könnte.

*„Ist das Reden wesentlich für die Religion?"* – Diese Frage stellt Wittgenstein 1930. Und er hat eine klare Antwort: *„Ich kann mir ganz gut eine Religion denken, in der es keine Lehrsätze gibt, in der also nicht gesprochen wird."*[186] Wittgenstein knüpft damit an eine „negative Theologie" an, die besagt, dass positive Aussagen über Gott schlicht nicht möglich sind. Denn Bezeichnungen wie „gut" und „böse" sind menschliche Kategorien, aber keine geeigneten Begriffe, um Gott zu beschreiben. Ähnlich argumentiert Wittgenstein aus göttlicher Perspektive: *„Wenn Gott in unser Gehirn blicken würde,*

---

[184] Vgl. Baum, aaO, S. 283.
[185] Quelle: www.deutschlandfunk.de/soren-kierkegaard-der-glaube-beginnt-gerade-da-wo-das.2540.de.html
[186] Baum, aaO, S. 280.

*würde er nicht verstehen, über wen wir sprechen.*"[187] Aber woher stammt der Wunsch im Menschen, dennoch gerade dieses Unaussprechliche mit den Mitteln der Sprache zu fassen? *„Der Trieb zum Mystischen"*, notiert Wittgenstein am 25.05.1915 in seinem Tagebuch, *„kommt von der Unbefriedigtheit unserer Wünsche durch die Wissenschaft. Wir fühlen, dass selbst wenn alle möglichen wissenschaftlichen Fragen beantwortet sind, unser Problem noch gar nicht berührt ist.*"[188]

Das Wesentliche und Existenzielle ist es, das Wittgenstein nach seinem Traktat nun im Blick hat. Daher ist es nicht verwunderlich, dass seine erste Vorlesung nach seiner Rückkehr nach Cambridge 1929 nicht um logische, sondern um ethische Fragen kreist:

*„Es drängt mich, gegen diese Grenzen der Sprache anzurennen, und dies ist, glaube ich, der Trieb der Menschen, die je versucht haben, über Ethik oder Religion zu schreiben oder zu reden. Dieses Anrennen gegen die Wände des Käfigs ist völlig und absolut aussichtslos. Soweit die Ethik aus dem Wunsch hervorgeht, etwas über den letztendlichen Sinn des Lebens, das absolut Gute, das absolut Wertvolle zu sagen, kann sie keine Wissenschaft sein. Durch das, was sie sagt, wird unser Wissen in keinem Sinne*

---

[187] Ludwig Wittgenstein: Philosophie der Psychologie Fragment PPF § 284.
[188] Baum, aaO, S. 276.

*vermehrt. Doch es ist ein Zeugnis eines Dranges im menschlichen Bewusstsein, das ich für meinen Teil nicht anders als hochachten und um keinen Preis lächerlich machen würde.“*[189]

Wittgenstein öffnet hier – mehr oder weniger unfreiwillig – die Tür zum Absurden. Was ist, wenn es keinen Sinn gibt, auch nicht außerhalb der Welt? Dann wäre dieses ‚absolut aussichtslose Anrennen gegen die Wände des Käfigs‘ nur mehr Ausdruck einer absurden Existenz. Wittgenstein zieht seine eigene Konsequenz: *„Ich bin zwar kein religiöser Mensch, aber ich kann nicht anders: Ich sehe jedes Problem von einem religiösen Standpunkt.“*[190]

Die Ausführungen Wittgensteins zu Religion und Ethik bleiben insgesamt kryptisch. Wollte er einst gegen die „Verhexung des Verstandes durch Mittel unserer Sprache“ ankämpfen, so scheint er nun eben jene Verhexung durch seinen „mystischen“ Sprachstil eher noch zu befeuern.

Auffällig in seiner Philosophie ist, wie viel von Religiosität, aber wie wenig vom Tod die Rede ist. *„Der Tod ist kein Ereignis des Lebens. Den Tod erlebt man nicht“*, heißt es knapp und bündig im Traktat (T 6.4311). Eine Feststellung, die an

---

[189] Wittgenstein Vortrag über Ethik und andere kleinere Schriften, hg. von Joachim Schulte, Frankfurt a. M. 1989. S. 18-19.
[190] Quelle: SPIEGEL 21/1992, S. 261. Org.: „I am not a religious man: but I cannot help seeing every problem from a religious point of view."

Epikur erinnert. Aber warum ist ihm der Tod kaum einen Gedanken wert? *„Bei Wittgenstein wurde der Tod zum Nichtort des philosophischen Nachdenkens."*[191] Eine treffende Feststellung, die einen psychoanalytischen Deutungsversuch nahelegt: Der Tod ist ein ständiger Begleiter Wittgensteins. Er tritt häufig, heftig und nahe an ihn heran. Als sein ältester Bruder Hans im Jahr 1902 beim Baden ertrinkt, ist Ludwig gerade 13 Jahre alt. Bruder Rudi nimmt sich 1904 das Leben, Bruder Kurt 1918. Im Ersten Weltkrieg befindet er sich selbst in stetiger Lebensgefahr. An der Front ist der Tod keinesfalls „kein Ereignis des Lebens", sondern *das* Ereignis des Lebens. Im Jahr 1918 verliert er ebenfalls seinen ersten Freund und wichtigsten Menschen, David Pinsent. Mit gerade einmal 27 Jahren kommt er bei einem Flugzeugabsturz ums Leben. Sein zweiter intimer Freund Francis Skinner stirbt 1941 mit noch nicht einmal 30 Jahren an Polio. Doch Wittgenstein blendet diese Ereignisse konsequent aus und verdrängt sie – der Tod bleibt jenseits seiner philosophischen Grenzen. Die Psychoanalyse weiß, dass das, was nicht gesagt wird, bzw. dass das, was mit einem Tabu belegt wird, häufig auf heftige traumatische Erlebnisse verweist. Tod und auch Sexualität – Eros und Thanatos – bilden die blinden Flecken in

---

[191] Horst Dieter Rauh: Wittgensteins Mystik der Grenze. 2014. S. 9.

Wittgensteins Philosophie. Beide Phänomene entziehen sich vollständig jeder Logik. Es handelt sich um die schwarzen Löcher, die sich bereits im Ansatz jeder sprachlichen Annäherung entziehen. Aber vielleicht ist genau dieses Unaussprechliche – unausgesprochen – gemeint, wenn Wittgenstein notiert: *„Wir fühlen, dass selbst wenn alle möglichen wissenschaftlichen Fragen beantwortet sind, unser Problem noch gar nicht berührt ist.“*[192] Da sich Tod und Eros jeder Logik entziehen, mutiert Wittgenstein, so kann man mutmaßen, zum Mystiker.

Besitzt der Mensch eine unsterbliche Seele? Im Traktat greift er diese Frage an einer Stelle auf:

*„Die zeitliche Unsterblichkeit der Seele des Menschen, das heißt also ihr ewiges Fortleben nach dem Tode, ist nicht nur auf keine Weise verbürgt, sondern vor allem leistet diese Annahme gar nicht das, was man immer mit ihr erreichen wollte. Wird denn dadurch ein Rätsel gelöst, dass ich ewig fortlebe? Ist denn dieses ewige Leben dann nicht ebenso rätselhaft wie das gegenwärtige? Die Lösung des Rätsels des Lebens in Raum und Zeit liegt außerhalb von Raum und Zeit.“ (T 6.4312)*

---

192 Baum, aaO, S. 276.

Die Annahme einer Weiterexistenz nach dem Tod verschiebt das Problem lediglich auf eine Metaebene. Die Kernfrage nach dem Grund der Existenz ist damit nach Ludwig Wittgenstein keineswegs beantwortet. Und so schließt er sein Leben ab, ohne das eigentliche Rätsel gelöst zu haben. Dennoch war für ihn das Leben nicht absurd, sondern ethisch, eben weil er die Frage nach dem Rätsel gestellt hat. Der Rest ist Schweigen.

# MICHEL FOUCAULT, DER THERAPEUT

**Der Intellektuelle Michel Foucault (geboren am 15.10.1926 in Poitiers) war nicht nur Philosoph, sondern zugleich auch Historiker, Soziologe und Psychologe. Er etablierte die Diskursanalyse und prägte mit seinen zahlreichen Werken die Debatten seiner Zeit. Am 25.06.1984 starb der Philosoph in Paris an AIDS.**

Michel Foucault zeigt sich ungläubig, als zu Beginn der 1980er Jahre Berichte aus Amerika über einen „gay cancer" kursieren: *„Ein Krebs, der ausschließlich Homosexuelle betrifft – nein, das klingt zu schön, um wahr zu sein, das ist ja zum Totlachen."*[193] Doch das Lachen wird dem Intellektuellen schnell im Halse stecken bleiben. Anfangs ist das Wissen über die neue Infektion noch gering, die Fallzahlen werden unterschätzt und das dramatische Ausmaß verkannt. Kurz darauf erhält die Krankheit ihren Namen: AIDS. Vier Buchstaben, die fortan weltweit Angst und Schrecken verbreiten – nicht nur in der Gay-Community. Medizin und Forschung stehen zunächst machtlos dieser rasch tödlich verlaufenden Immunschwächekrankheit gegenüber, der auch Michel Foucault alsbald erliegen wird. Zu jener Zeit ist der

---

[193] „Un cancer qui toucherait exclusivement les homosexuels, non, ca serait trop beau pour être vrai, c'est à mourir de rire", so Hervé Guibert in „A l'ami qui ne m'a pas sauvé la vie." (1991)

Philosoph auf dem Höhepunkt seiner Karriere. Er lehrt am angesehenen Collège de France in Paris und hat eine Gastprofessur an der Berkeley Universität in San Francisco. Wenn Michel Foucault die Bühne betritt, platzen die Hörsäle aus allen Nähten. Er zählt zu den bekanntesten und einflussreichsten Denkern seiner Zeit. Doch im Sommer 1983 treten bei ihm die ersten Symptome auf. Der 57-jährige Philosoph leidet unter hartnäckigem Husten und wird mit Antibiotika behandelt. Gleichzeitig arbeitet er besessen an den letzten Bänden seiner „Histoire de la sexualité". Um sich fit zu halten, trainiert er jeden Morgen mit seinen Hanteln. Dennoch verliert er stetig an Gewicht. Am Pfingstsonntag, den 10. Juni 1984, erleidet Foucault in seiner Pariser Wohnung einen Zusammenbruch. Da am Feiertag keiner seiner behandelnden Ärzte erreichbar ist, bringt ihn sein Lebenspartner, der Soziologe Daniel Defert, in die nächstgelegene Klinik. Von dort wird er am darauffolgenden Montag in die legendäre Heilanstalt von La Salpêtrière überwiesen. Stundenlang muss er hier auf einem Krankenhausflur ausharren, bis endlich am Abend ein Zimmer bezugsfertig ist. Erst auf Nachfrage wird ihm ein Stuhl, etwas zu trinken und eine kleine Mahlzeit bereitgestellt.

Michel Foucault entstammt einer bourgeoisen, katholischen Familie aus Poitiers. In jungen Jahren ist er psychisch labil und unternimmt zwei Selbstmordversuche. Nach dem Abitur studiert er Psychologie und Philosophie an der École supérieure in Paris. Er besucht Vorlesungen von Lacan, studiert Hegel, Freud, Marx und Nietzsche. Im Jahr 1969 hält er seine Antrittsvorlesung am renommierten Collège de France in Paris. Es sind bewegte, politische Zeiten. Im Zuge der 1968er-Bewegung kommt es in Paris zu heftigen Straßenschlachten. Entsprechend politisch positioniert sich auch die Philosophie in jenen Jahren. Für Foucault ist Philosophieren nichts Weltfremdes, sondern bezieht sich ganz konkret auf die Gegenwart. Wissen, Macht und Sexualität sind seine Themen. Und so fragt er: *„Wer übt die Macht aus? Wie übt dieser sie aus?"*[194]

Er will aufdecken, wie die vielfältigen und teils subtilen Machtstrukturen auf das einzelne Subjekt und die Gesellschaft wirken. Dabei geht es ihm nicht nur um die Staatsmacht, sondern um Machtstrukturen auf allen Ebenen. Im Kern wendet Foucault ein therapeutisches Verfahren an, das in seiner Methodik der Psychoanalyse ähnelt. Durch eine

---

[194] Foucault zit. nach: Pierre de Boisdeffre: Vie, mort et survie de Michel Foucault. 1984. S. 368.

Diskursanalyse[195] soll Unbewusstes bewusst gemacht werden. Foucault vergleicht seine Philosophie mit der Arbeit eines Archäologen, der nach und nach die unterschiedlichen Schichten freilegt. Sein besonderes Interesse gilt den Brüchen, den Diskontinuitäten in der Geschichte. Wie kommt es zu den radikalen Veränderungen in einer Gesellschaft, dass das, was lange für wahr gehalten wurde, plötzlich nicht mehr gilt? Oder wie es Foucault selbst poetisch formuliert:

*„Wie geschieht es, dass das Denken sich von jenen Ufern löst, die es einst bewohnte [...] und dass es genau das in den Irrtum, die Schimäre und das Nicht-Wissen taumeln lässt, was noch nicht einmal zwanzig Jahre zuvor im lichten Raum der Erkenntnis angesiedelt und bestätigt wurde? Welchem Ereignis oder welchem Gesetz gehorchen diese Veränderungen, die bewirken, dass die Dinge plötzlich nicht mehr auf die gleiche Weise perzipiert,*

---

[195] Diskurs und Diskursanalyse – zwei zentrale Begriffe bei Foucault, deren genaue Bedeutung jedoch sehr vage bleibt. Marc Christian Jäger definiert den Diskursbegriff auf Basis einer Foucault-Vorlesung am Collège de France unter dem Titel „Die Ordnung des Diskurses" wie folgt: *„Unter ‚Diskurs' versteht Foucault ein ordnungsloses, unaufhörliches ‚Rauschen' von Aussagen, das durch diskursive Regeln „kontrolliert, selektiert und kanalisiert wird" [...] Der Diskurs taucht immer dort auf, wo man die Herrschaft über die Meinungen gewinnen will, wo es um die Macht geht, durch ‚Ausschließungsprozeduren' zu bestimmen, was innerhalb und was außerhalb der Wahrheit liegt, was als Vernunft und was als Wahnsinn zu gelten hat. Er „ist dasjenige, worum und womit man kämpft; er ist die Macht; deren man sich zu bemächtigen sucht").* Quelle: www.die-grenze.com/foucault/ff2.html

beschrieben, genannt, charakterisiert, klassifiziert, gelernt wurden?"[196]

Schon in seinem Frühwerk „Wahnsinn und Gesellschaft" (1961) untersucht er den Umgang mit einer Randgruppe. Im Mittelalter lebten die Verrückten nicht nur unter den Menschen, sondern saßen zum Teil sogar an der Tafel der Herrschenden und genossen Narrenfreiheit. Gegen Ende des 17. Jahrhunderts begann man, diese Menschen und andere Störenfriede systematisch in eigens errichteten Irrenanstalten zu isolieren und von der Gemeinschaft auszuschließen. Machtstrukturen, die bis in die Gegenwart fortwirken. Des Weiteren richtet sich Foucaults Blick auf den Umgang mit Häftlingen. Das Gefängnis *„ermöglicht es, einen als gefährlich eingestuften Bevölkerungsteil zu entfernen, ohne dass diese Entfernung katastrophale, ökonomische Konsequenzen hatte."*[197] Zuchthäuser haben lange Zeit eine doppelte Funktion: sie dienen als Gefängnis und Arbeitslager. Einerseits können sie billige Arbeitsplätze bereitstellen und die Ökonomie stärken. In Phasen hoher Arbeitslosigkeit hingegen haben Zuchthäuser die Kapazität, gesellschaftsgefährdende

---

[196] Foucault: Die Ordnung der Dinge (1966). Aus: Foucault. Ausgewählt und vorgestellt von Pravu Mazumdar. In der Reihe: Philosophie jetzt! Herausgegeben von Peter Sloterdijk. 2001. S. 279. [nachfolgend: PMF]
[197] Die große Einsperrung. Gespräch mit dem Tagesanzeiger (1972). PMF S. 398-399.

Personen im großen Stil festzusetzen und so Aufruhr und Agitation schon im Keim zu ersticken. In einem Interview aus dem Jahr 1972 gibt Foucault zu bedenken: *„In Frankreich gibt es gegenwärtig 30.000 Gefangene, davon vielleicht etwa 3.000 bis 4.000 eigentlich Kriminelle. Der Rest, das sind kleine Diebe oder Leute, die mit ungedecktem Scheck bezahlten, kleine Fische, und man braucht dazu wirklich nicht diese teuren, archaischen, schwerfälligen Methoden der Einschließung zu benutzen."*[198] Hier belässt es der Philosoph nicht bei der Diagnose, sondern wird aktiv. Mit Mitstreitern aus dem linken Spektrum gründet er den G.I.P.[199], eine Gemeinschaft von Aktivisten, die die Bevölkerung über die unzumutbaren Zustände in den Gefängnissen aufklärt und Häftlinge unterstützt.

Michel Foucault prägt die öffentliche Debatte wie kaum ein anderer. Seine Schriften erzielen hohe Auflagen und zieren die Tische der Studentencafés im Quartier Latin. Zeigen, dass man Foucault liest, ist ‚in' und gilt als Statement. Allerdings ist der Philosoph nicht unumstritten und wird insbesondere aus dem linken Lager skeptisch beäugt. In einer Rezension zum Erscheinen von „Die Ordnung der

---

[198] PMF S. 401.
[199] Groupe d'information sur les prisons

Dinge" (1966) übt Jean-Paul Sartre scharfe Kritik und legt seinen Finger in die Wunde:

*„Foucault erklärt uns nicht, was ja das Interessante wäre: nämlich wie jedes Denken [...] strukturiert wird und wie die Menschen von einem Denken zum anderen übergehen. Dazu müsste er die Praxis ins Spiel bringen, also die Geschichte, und eben das lehnt er ab. Seine Perspektive bleibt zwar historisch. Er unterscheidet zwischen Epochen, einer vorher und einer nachher. Aber er ersetzt das Kino durch die laterna magica, die Bewegung durch eine Abfolge von Unbewegtheiten."*[200]

Im Jahr 1976 erscheint der erste Band seiner „Geschichte der Sexualität". Während im antiken Griechenland eine *ars erotica* praktiziert wurde, in der Sexualität in eine Pädagogik eingebettet und durch Initiation weitergegeben wurde, hatte sich im Abendland eine *scientia sexualis* entwickelt. Im Fokus steht nicht länger die Praxis, sondern der Diskurs. *„Im Abendland ist der Mensch ein Geständnistier geworden"*[201], folgert Foucault lakonisch. Im Mittelalter etabliert sich die Ohrenbeichte. Intime Details und unkeusche Gedanken gilt es regelmäßig zu bekennen. *„Die christliche Seelsorge hat aus der Aufgabe, alles was sich auf den Sex bezieht, durch die endlose*

---

[200] „Jean-Paul Sartre reponds", in „L'Arc", Nummer 30, 1966
Quelle: PMF S. 47-48.
[201] Der Wille zum Wissen (1976), PMF S. 412.

*Mühle des Wortes zu drehen, eine fundamentale Pflicht gemacht."*[202]

Während Foucault im Zuge der Aufklärung im 17. Jahrhundert kurzzeitig eine neue Freizügigkeit ausmacht, diagnostiziert er im viktorianischen Zeitalter erneut eine repressive Kehrtwende. Im vom Puritanismus geprägten Bürgertum des 19. Jahrhunderts wird Sexualität sorgfältig eingeschlossen. *„Sie richtet sich neu ein, wird von der Kleinfamilie konfisziert und geht ganz im Ernst der Fortpflanzung auf. Um den Sex bereitet sich Schweigen."*[203] Diese neue Art der Repression gegenüber allem Sexuellen hat nach Foucault ihre Ursache nicht in moralischen, sondern zuvorderst in ökonomischen Gründen.

*„Ein Erklärungsprinzip beginnt sich abzuzeichnen: wenn der Sex mit solcher Strenge unterdrückt wird, so deshalb, weil er mit einer allgemeinen und intensiven Arbeitsordnung unvereinbar ist; wie konnte man in einer Epoche, wo man systematisch die Arbeitskraft ausbeutete, zulassen, dass sie sich in Lüsten erging – außer in jenen minimalen, die für die Reproduktion sorgten?"*[204]

---

[202] PMF S. 422.
[203] PMF S. 248-249.
[204] PMF S. 251.

So detailbesessen Foucault die Geschichte der Sexualität durchleuchtet, so diskret bleibt er bezüglich seiner eigenen Person. Dass der Philosoph homosexuell ist und seit Jahren mit seinem Partner Daniel Defert eine offene Beziehung führt, ist lediglich einem kleinen Kreis bekannt. Lange Zeit lebt Foucault zurückgezogen in der rue Vaugirard im 15. Arrondissement von Paris. Er experimentiert mit Drogen und liebt vor allem die Soireen mit jungen Künstlern.

*„Er mochte die Abende unter Männern, erinnert sich der amerikanische Autor Edmund White, allesamt Schriftsteller, allesamt schwul, allesamt auf ihre Weise attraktiv, schlank und androgyn, ein wenig wie die grazilen, schönen Jünglinge um Platon herum auf dem Gemälde von Théodore Chassériau.“*[205]

Zu diesen Jünglingen zählen auch die beiden Schriftsteller Mathieu Lindon und Hervé Guibert. Letzterer ist nicht nur ein enger Freund von Foucault, sondern auch sein direkter Nachbar. Doch anders als Foucault geht der ebenfalls an AIDS erkrankte Guibert von Anfang an in die Offensive. Er outet sich als Schwuler und macht sein Leben bis in intimste Details öffentlich: *„Was ist schändlich daran, an AIDS zu*

---

[205] Foucault et Hervé Guibert, le compagnon d'agonie. In: LE FIGARO, 07.05.2000. Ohne Autorenangabe.

*sterben?"*[206] Die Veröffentlichung seines Romans „Der Freund, der mir nicht das Leben rettete" im Jahr 1990 wird zum Skandal, denn Guibert gibt hier ganz ungeniert pikante Details aus Foucaults Intimleben preis: Er berichtet von der Vorliebe des Philosophen für einschlägige Gay-Bars, von seiner Sammlung von Ledergeschirr, Knuten und Masken. Vor allem in San Francisco, im Schutze der Anonymität, soll Foucault hemmungslos seine sadomasochistischen Neigungen ausgelebt haben. Die Öffentlichkeit reagiert verstört auf diese posthumen Enthüllungen über einen ihrer Säulenheiligen.

Im Jahr 1984 lässt sich HIV jedoch noch nicht eindeutig diagnostizieren. Foucault äußert zwar früh den Verdacht, an AIDS erkrankt zu sein, doch seine behandelnden Ärzte hüllen sich diesbezüglich in Schweigen. Noch wenige Tage vor Foucaults Tod sagte ein Arzt zu seinem Lebenspartner Defert: *„Wenn er AIDS hätte, hätte ich Sie unterrichtet."*[207] Eine glatte Lüge, wie sich herausstellt.

Am Pfingstmontag 1984 wartet Foucault im Hospital La Salpêtrière stundenlang auf dem Krankenhausflur, bis

---

[206] Ebd.

[207] Eric Favereau: Foucault. Les derniers jours. [Interview mit Daniel Defert, veröffentlicht in LA LIBÉRATION am 19.04.2004]

endlich ein Zimmer frei wird. Defert wartet mit ihm und bekommt zufällig mit, wie ein Arzt eine Schwester fragt, ob das Zimmer ordentlich desinfiziert worden sei. Vermutlich nicht. Denn zwei Tage später erkrankt Foucault an einer Lungenentzündung und muss auf die Intensivstation verlegt werden. Keine zwei Wochen später ist der Philosoph tot. Er verstirbt aufgrund seiner Immunschwäche an einem eigentlich harmlosen Keim. Erst jetzt erfährt auch Defert die wahre Diagnose. Zufällig entdeckt er auf einem Schreibtisch auf der Station ein ärztliches Bulletin mit der knappen Mitteilung: „Todesursache: AIDS". Zwar sichern die Ärzte maximale Diskretion zu, doch ein Krankenhausmitarbeiter sticht die brisante Nachricht durch. Bereits einen Tag später outet die Tageszeitung La Libération Foucault als Schwulen und nährt Spekulationen über seinen AIDS-Tod. Während in den Medien eine polemische Debatte tobt, wird Foucault am 29. Juni in aller Stille auf dem Friedhof von Vandeuvre in der Nähe seines Geburtsortes Poitiers beigesetzt. Der Philosoph Gilles Deleuze liest einige Passagen aus „Der Gebrauch der Lüste", ein Strauch weißer Rosen ziert den Sarg, daran geheftet drei Vornamen: Mathieu (Lindon), Hervé (Guibert) und Daniel (Defert). „Professeur au Collège de France" hatte die Mutter auf den Grabstein eingravieren lassen, zum

Entsetzen von Daniel Defert. Den Professorentitel auf dem Stein hätte Foucault kaum gewollt.

Nach dem Ableben des berühmten Intellektuellen bekommt Lebenspartner Defert die Ausgrenzung Aidskranker mit voller Wucht zu spüren. In den Pariser Cafés wird er gemieden wie ein Leprakranker. Der Soziologe gründet daraufhin die Vereinigung „Aides" und kämpft fortan gegen die Stigmatisierung von Schwulen und HIV-Kranken. Als wenig später ein erster zuverlässiger Aidstest zur Verfügung steht, lässt Defert sich ebenfalls testen. Das Ergebnis: HIV-negativ.

## Der privateste Punkt der Existenz

*„Wäre ich kein totaler Atheist, wäre ich Mönch geworden... ein guter Mönch"*, gestand Foucault einmal einem Freund.[208] Damit hat der Philosoph die Gretchenfrage für sich entschieden. Anstatt ins Priesterseminar einzutreten, studiert der junge Foucault in den Nachkriegsjahren zuerst Psychologie an der Pariser Sorbonne. In der Auseinandersetzung mit Freuds Traumdeutungen stößt er auf das Phänomen von Todesträumen, also auf Fälle, in denen Menschen im Traum wiederholt ihren eigenen Tod erleben. Dieses Thema greift Foucault 1954 in seiner „Einleitung zu Traum und Existenz" auf und resümiert:

*„Auf dem Grunde seines Träumens trifft der Mensch seinen Tod – der in seiner uneigentlichsten Form nur die brutale und blutige Unterbrechung des Lebens ist, in seiner eigentlichsten Form aber die Erfüllung seiner Existenz."*[209]

Schon Sigmund Freud sieht zwei diametrale Kräfte im Menschen wirken und nennt diese nach Gestalten der griechischen Mythologie „Eros" und „Thanatos". Eros steht für

---

[208] „If I were not a total atheist, I would be a monk... a good monk."
Quelle: David Macey: Michel Foucault. 2004. S. 130.
[209] Einleitung zu Traum und Existenz (1954). PMF S. 95.

den Sexual- und Selbsterhaltungstrieb, während der Toten-
gott Thanatos den destruktiven Todestrieb verkörpert.
Dieser Todestrieb steht demnach *„für eine fundamentale Ten-
denz alles Lebendigen, die Anspannung des organischen Lebens
aufzuheben und in den spannungslosen Zustand des Anorganischen zurückzukehren."*[210]

Foucault deutet den Tod dialektisch: Er *„ist der Widerspruch, in welchem sich die Freiheit – in der Welt und gegen die
Welt – als Schicksal erfüllt und verneint zugleich."*[211]

Der Tod ist der Endzweck des Lebens. Er begründet die
Freiheit des Menschen und beendet sie gleichzeitig. Foucault
zufolge stiftet Freiheit jedoch keinen Sinn. Er ist ein glühen-
der Anhänger von Nietzsche. Gott als Sinnstifter fällt aus,
stattdessen herrscht eine ontologische Leere. Und Foucault
sieht diese Entwicklung bereits Ende des 18. Jahrhunderts
aufkeimen, *„als man sich darüber einigte, dass die Lebewesen
nicht für jemanden – weder für sich selbst noch für den Menschen
noch für Gott – funktionieren, sondern dass sie einfach existieren.
Wozu existiert er? Um sich zu reproduzieren? Um sich am Leben
zu erhalten? Keineswegs. Er funktioniert. Er funktioniert in sehr
zweideutiger Weise: zum Leben, aber auch zum Sterben; es ist ja*

---

[210] PMF, S. 506, Fußnote 13.
[211] Einleitung zu Traum und Existenz (1954). PMF S. 96.

*wohlbekannt, dass sich das Funktionieren des Lebens ständig abnutzt, dass gerade das Funktionieren zum Tod führt. Also funktioniert eine Spezies nicht für sich selbst, und auch nicht für den Menschen oder zur größeren Ehre Gottes: sie beschränkt sich darauf zu funktionieren."*[212]

Kein Existenzgrund, keine Metaphysik, kein transzendentes Wesen weit und breit. Foucault beschreibt einen Materialismus in Reinform. Der Mensch existiert, weil er funktioniert – das ist alles. In diese neu entstandene ontologische Leere stoßen zunehmend neue Ideologien. Moderne Staatsformen und Systeme bieten Rechtfertigungen für die Existenz und streben danach, das Leben des Einzelnen so weit wie möglich zu kontrollieren.

*„Die Fortpflanzung, die Geburten- und die Sterblichkeitsrate, das Gesundheitsniveau, die Lebensdauer, die Langlebigkeit [...] wurden zum Gegenstand eingreifender Maßnahmen und regulierender Kontrollen: Bio-Politik der Bevölkerung."*[213]

Man denke nur an die Ein-Kind-Politik in China oder das Abtreibungsverbot nach der katholischen Morallehre. Foucault spricht in diesem Kontext auch von Bio-Macht.

---

[212] Gespräch: Paolo Caruso und Michel Foucault (1967). PMF S. 320.
[213] PMF S. 376

*„Jetzt richtet die Macht ihre Zugriffe auf das Leben und seinen ganzen Ablauf; der Augenblick des Todes ist ihre Grenze und entzieht sich ihr; er wird zum geheimsten, zum >privatesten< Punkt der Existenz."*[214]

Mit dem Tod entzieht sich das Individuum allen Machtstrukturen. Auf der Grenze zum Tod erhält das Individuum seine Freiheit. Der Tod ist der Schatten, der das Leben begleitet. Aber erst *„im Tod wird das dumpfe gemeine Leben endlich zur Individualität; ein schwarzer Ring isoliert es und verleiht ihm den Stil seiner Wahrheit."*[215]

Doch welche Handlungsempfehlung lässt sich aus einer solchen philosophischen Sichtweise für das einzelne Individuum ableiten – wie soll es leben? Die Abwesenheit eines Gottes zwingt den Menschen, sich selbst zuzuwenden. Während die katholische Kirche über Jahrhunderte das Prinzip der Caritas als die verbindliche Ethik formulierte, basierend auf dem biblischen Gebot der Nächstenliebe, fordert Foucault die Rückbesinnung auf „die Sorge um sich selbst":

---

[214] PMF S. 375.
[215] Claude-Olivier Doron: Vie, Discontinuité et Mort dans l'œuvre de Michel Foucault. Montpellier 2009.

*„Die Vorschrift, >auf sich selbst zu achten<, galt den Griechen als einer der zentralen Grundsätze der Polis, als Hauptregel für das soziale und persönliche Verhalten und für die Lebenskunst."*[216]

In der griechischen Antike steht „die Sorge um sich selbst" (*epimelesthai sautou*) im direkten Kontext mit dem „Erkenne dich selbst!" (*gnothi seauton*), *„wie es das Orakel von Delphi postuliert. Dahinter verbirgt sich eine stoische Weltsicht. So fragt Sokrates in der Apologie nach Platon seinen Richter: „schämst du dich nicht, für Geld zwar zu sorgen [...] und für Ruhm und Ehre, für dich selbst aber sorgst du nicht, dass heißt für Einsicht [...] und Wahrheit und deine Seele, dass sie sich aufs beste befinde."*[217]

„Die Sorge um sich selbst" ist zuallererst eine ästhetische Maxime, die sowohl geistige (*melete*) als auch körperliche (*gymnasia*) Techniken vereint. Es geht darum, Geist und Körper ästhetisch zu trainieren, und zwar durch Sport in den Gymnasien und durch Bildung und künstlerische Tätigkeit. „Die Sorge um sich selbst" ist im Kern eine psychotherapeutische Praxis zur Selbstdisziplinierung (*askesis*). Foucault spricht in diesem Zusammenhang von Technologien des Selbst, *„die es dem Einzelnen ermöglichen, aus eigener Kraft oder*

---

[216] PMF S. 447.
[217] Ebd.

*mit Hilfe anderer eine Reihe von Operationen an seinem Körper oder seiner Seele, seinem Denken, seinem Verhalten und seiner Existenzweise vorzunehmen, mit dem Ziel, sich so zu verändern, dass er einen gewissen Zustand des Glücks, der Reinheit, der Weisheit, der Vollkommenheit oder der Unsterblichkeit erlangt.*"[218]

Soweit die Theorie. Foucault findet im Schreiben seine persönliche Art der „Sorge für sich selbst" – und er ist einer, der im Laufe der Zeit sehr viel geschrieben hat. Aber im realen Leben taugt er weder zum Mönch noch zum Asketen, denn er ist in erster Linie eins: ein überzeugter Hedonist.

---

[218] Michel Foucault: Technologien des Selbst. Hg. von Luther H. Martin, Huck Gutman, Patrick H. Hutto. Frankfurt/Main 1993. S. 24-62.

www.ingramcontent.com/pod-product-compliance
Lightning Source LLC
LaVergne TN
LVHW040010200726
843493LV00005B/1214